LETTRES

SUR

L'ÉDUCATION DU PEUPLE,

PAR M. LAURENTIE,

ANCIEN INSPECTEUR-GÉNÉRAL DES ÉTUDES.

—

DEUXIÈME ÉDITION.

—◦◦◦—

PARIS,

LAGNY FRÈRES, ÉDITEURS,

1, RUE BOURBON-LE-CHATEAU.

—

1850.

LETTRES

SUR

L'ÉDUCATION.

SAINT-CLOUD. — IMPRIMERIE DE BELIN-MANDAR.

ÉDITION DE 1850.

———

Ce petit livre est de 1837, et il semble écrit de 1848.

Les questions d'alors sont les questions d'aujourd'hui; si ce n'est qu'alors peu d'hommes les jugeaient dignes de quelque examen, et qu'aujourd'hui la société tout entière en est émue.

Une révolution nouvelle a changé beaucoup d'idées, sans que les idées vraies aient pour cela perdu leur application.

C'est pourquoi les *Lettres sur l'éducation du peuple*, d'abord adressées à *un curé*, sembleraient aujourd'hui pouvoir être aussi bien adressées à un philosophe.

La philosophie a fini par soupçonner qu'il n'était pas facile de se passer de la religion, quand il s'agit de rendre les hommes meilleurs ou plus heureux.

Dans cette *édition* il y a un mot supprimé dans le titre, et quelques mots changés dans le texte.

Puisse l'ensemble des idées, resté intact, corriger quelque erreur, calmer quelque souffrance, désarmer quelque colère, disposer enfin quelques âmes à la bienveillance dans une société trop longtemps torturée par la discorde et par la haine!

A UN AMI.

———

J'ai parlé de l'éducation élégante et lettrée.
J'ai donné quelques conseils au père et à la
mère de l'enfant destiné à orner les salons
du monde. Mais l'enfant du peuple, celui que
Dieu semble appeler à une vie de travail et
de sacrifice, cet enfant sera-t-il inaperçu du
moraliste? et pendant que le politique croit
faire assez pour la société, en demandant aux

privilégiés de la fortune de se perfectionner par la politesse, laisserons-nous le pauvre, l'homme des sueurs et des privations, se durcir aux habitudes incultes, et faire de sa grossièreté demi-barbare un contraste avec les mœurs ornées des classes qui le dominent ? ou bien, si l'éducation a pour objet réel de répandre le goût des vertus, le peuple sera-t-il laissé en dehors de ce travail de perfectionnement, et de la sorte arrivera-t-on, comme on l'espère, aux réformes de la société ?

Ah ! pauvres moralistes, que faisons-nous ? nous nous préoccupons des destinées des riches et des heureux, et nous laissons là, dans leur douleur, ceux qui travaillent et ceux qui pleurent. N'y a-t-il donc pas une éducation pour la misère comme pour la prospérité ? et cette éducation n'est-elle pas grande et sainte ? Quelle éducation fut jamais plus sociale et plus céleste que celle qui a pour objet, non-seulement d'améliorer, mais de consoler le peuple ? Le peuple, c'est le fonds de toute société humaine. C'est donc à lui que doivent aller les vœux de

réforme morale. Et aussi le christianisme a
commencé par le peuple : ainsi se manifes-
taient la grandeur de sa mission et l'universalité de sa bienfaisance.

Pensons donc au peuple, si nous sommes
quelque peu chrétiens. Pensons au peuple, si
nous avons quelque désir de réformer le
monde. Pensons au peuple, si nous croyons
à l'avenir des sociétés. A l'œuvre, vous tous
qui avez action sur les autres hommes, vous
qui avez du pouvoir et de la richesse, vous
qui avez besoin des vertus publiques, ne fût-
ce que par égoïsme ! A l'œuvre, philosophes,
si vous êtes philosophes, si vous n'êtes pas
des orgueilleux et des cupides, si vos travaux
d'éducation publique ne sont pas des trom-
peries ! A l'œuvre, politiques, si vous n'êtes
pas des méchants ou des insensés ! A l'œuvre, gens du monde, si les délices vous laissent le loisir de penser à la charité !

Mon ami, vous êtes de ceux-là qui savent
que l'éducation du peuple est un objet de
haute et sainte philosophie. Avec vous donc,
il va m'être doux de méditer des questions
déjà traitées de nos jours, mais qui seront

nouvelles, si nous les éclairons par des vues
religieuses ; car la philanthropie humaine les
a tout au plus effleurées. C'est à la charité
qu'il appartient de les pénétrer et de les résoudre.

I.

Mission du prêtre par rapport à l'éducation du peuple.

———

Devant parler de l'éducation du peuple, ma pensée s'en est allée tout d'abord droit au prêtre chrétien, au curé, au pasteur du peuple, à son maître, à son ami.

Le prêtre, et d'abord le curé, fait l'éducation du peuple. Prenez-y garde, philosophes ! là où il n'y a pas de prêtre il faut un gendarme ; mais le gendarme ne fait pas l'éducation. Le gendarme supplée tout au plus à l'éducation.

Aussi mon imagination s'est toujours effrayée de la thèse de ce moraliste qui, au sortir des désastres de la révolution française, prêchait à l'Institut que le seul moyen de rétablir la morale du peuple, c'était une bonne organisation de gendarmerie. C'était dire que l'état sauvage était bon, pourvu qu'il y eût au-dessus de la barbarie une force suffisante pour l'empêcher d'être mauvais. Telle était la correction de la doctrine de Rousseau. Mais le cœur, mais les penchants, mais les passions, mais la volonté, mais le désordre de l'âme, mais tout l'homme intérieur, mais toute cette vie cachée de l'intelligence, qu'est-ce que tout cela devenait sous l'autorité du gendarme? O pauvres lumières de la philanthropie! elles s'arrêtent à la surface de l'humanité; elles pensent donner le secret de la société, si elles ont indiqué le secret de la servitude : hélas! le mystère social alors serait peu de chose. Chacun tend trop naturellement à l'emploi de la force, et dès qu'un pouvoir quelconque s'est

levé sur les hommes, son penchant le plus
soudain, c'est bien de les tenir sous le glaive.
La philosophie du moraliste n'a rien à apprendre, à cet égard, à ceux qui commandent, et l'Institut n'avait pas besoin de déli-
bérer sur une question que la méchanceté
humaine résout d'elle-même. Si la morale ne
tient qu'à la domination du gendarme, la
morale ne sera jamais près de périr, car il se
trouvera toujours des hommes ayant intérêt
à discipliner l'obéissance. Mais alors toute la
morale du peuple, ce sera sa soumission à la
force ; et toute la sanction de la force, ce sera
le glaive.

Moi, je soupçonne, et vous aussi, mon ami,
que la morale d'un peuple est tout autre chose.
La morale, ce n'est pas le gendarme, mais
bien plutôt ce qui rend le gendarme inutile. Je sais bien que l'imperfection humaine
ne peut arriver pleinement à se passer de la
répression ; mais le philosophe doit pousser
la société vers ce but comme s'il était sûr de
l'y conduire, autrement il ne serait pas philosophe. Et c'est là l'éducation.

Or, l'éducation ainsi comprise, l'éducation

qui saisit l'homme par la pensée, par la conscience, par tout le fond de sa nature intime, cette éducation d'où la discipline de la force est bannie, qui la donnera au peuple?

Cherchez, philosophes! voyez autour de vous quelle est l'autorité qui va remplir cette mission toute-puissante.

Toutes les études sont faites, tous les essais sont épuisés. Les mille pouvoirs qui ont passé sur la tête de la société ont eu leurs mille systèmes d'éducation du peuple. Tous ont écrit leurs théories, et chaque théorie a été une expression de défiance ou d'aversion contre le prêtre. Point de prêtre dans l'éducation! C'était la pensée fondamentale de tous les livres et de toutes les lois.

N'était-ce pas faire reparaître le gendarme sous d'autres noms?

Le prêtre est l'homme de l'éducation, parce qu'il est le maître des devoirs et le précepteur de la conscience.

Et le prêtre de l'éducation populaire, c'est le curé, parce que le curé est l'homme du peuple, le confident de ses besoins et le conseiller de toute sa vie.

La philanthropie ne souffre pas que le prêtre soit montré comme un instrument nécessaire de la morale : et pourtant rien n'est
plus simple. La morale n'est pas une convention : la morale descend du ciel à la terre.
L'homme ne la fait pas ; s'il la faisait, il la
pourrait défaire ; elle ne serait qu'un caprice,
une chimère, un abus ou une tromperie. Elle
ne serait rien.

C'est donc que la morale doit avoir une
sanction qui ne soit pas de l'homme. Donner
à la morale pour unique base l'enseignement
des pouvoirs humains, c'est encore l'altérer.
Les pouvoirs humains devront enseigner la
morale au peuple, qui en doute ? mais à la
condition qu'ils ne se feront pas les auteurs de
la morale. Ils la détruiraient par cela même.

Qu'est-ce donc que l'office du prêtre dans
l'enseignement de la morale, si ce n'est la
restitution des lois naturelles de l'ordre dans
l'humanité ? Le prêtre enseignant les devoirs
aux hommes, fait par sa seule parole de prêtre reparaître au-dessus de lui la grande autorité de Dieu qui commande ces devoirs, et
dès que Dieu se montre, la morale est com-

prise. Ce n'est plus une prescription de la force qui fait plier le corps et ne pénètre pas jusqu'à l'âme ; c'est une expression de la souveraine équité, devant laquelle la conscience fléchit et la volonté s'abaisse.

Le prêtre est la raison vivante de la morale. Il ne fait pas la morale assurément, il ne la fait pas plus que ne la font les pouvoirs humains ; mais en l'enseignant aux hommes, il leur en dit l'origine, et ainsi il la rend sacrée. Fouillez l'histoire, et partout où vous verrez le peuple obéissant aux lois de l'ordre, la vertu honorée, le commandement paisible, les devoirs de la vie sociale exercés avec amour, la bienfaisance active, les mœurs hospitalières, la famille conduite avec dignité, le père vénéré, la mère protégée et bénie, l'enfant dressé de bonne heure aux habitudes honnêtes, à la pudeur, à la modestie, à la candeur, dites-moi si vous ne voyez pas le prêtre puissant, et sa parole entendue comme un oracle ?

Il en est ainsi. La religion seule a ce qu'il faut d'autorité pour conduire les hommes aux pratiques qui font le bonheur de la vie, en ôtant les passions de l'âme, ou les tempérant par la bonté et la justice, et le prêtre est l'instrument de la religion. Le prêtre dit aux hommes la raison des vertus et des devoirs ; sans cela le penchant le plus naturel, c'est de courir aux vices et aux voluptés. La police des Etats peut jusqu'à un certain point arrêter ce penchant, lorsqu'il va à sa satisfaction par le dommage fait à autrui, par la violence, par le rapt, par le crime enfin. Mais, outre que la méchanceté a une souplesse plus ingénieuse que la répression, elle a des désirs infâmes et des vœux scélérats que la répression même ne doit pas atteindre. La police la plus savante peut tout au plus contraindre les hommes à déguiser leur perversité ; elle peut leur apprendre les raffinements de l'hypocrisie ; elle peut donner au vice des semblants de politesse, elle peut réduire la vertu à n'être qu'une habileté ou une ruse. Mais la corruption reste entière, et les Etats ne sont jamais plus près de périr que lorsque, sous ces dehors de police, la conscience des peuples est gâtée, et le sentiment des devoirs est devenu une lâcheté ou un calcul.

La religion rend aux passions humaines leur sincérité : c'est là un admirable office.

La religion ne laisse pas de place au mensonge ; elle combat les mauvais penchants, mais pour les détruire, non point pour les cacher.

De sorte que le prêtre, qui est l'instrument de la religion pour la correction des mauvais penchants, est à la fois l'instrument de la dignité humaine. Le prêtre ne met pas un masque au front du méchant ; il va droit à son âme ; il attaque les vices à leur foyer : cela tient à sa mission de prêtre ; il sait ce qu'elle a de grand et de puissant. Ce n'est pas une mission de police extérieure, c'est une mission de réforme intime et profonde. Il ne veut pas que le méchant se déguise, mais qu'il se corrige. Telle est la grande éducation qui vient du prêtre, éducation sociale et humaine, la seule qui ait pour objet le bonheur de l'homme ; toute autre éducation est seulement une discipline.

Mais ceci est général et s'applique à tous les hommes. Revenons au peuple.

Le peuple ! Il y a deux manières d'enten-

dre ce mot : les uns le prononcent avec dédain, les autres avec insolence. Aux uns, le
peuple est une bête fauve et misérable; aux
autres, une puissance auguste et redoutée.
Les uns dévouent le peuple aux larmes et
aux avanies, les autres font du peuple un
objet de culte. Pauvre peuple ! et entre ces
deux manières de parler du peuple, je ne
sais laquelle est moins odieuse ou plus fatale. Je n'aime pas ceux qui méprisent le
peuple, j'aime un peu moins ceux qui le
trompent.

Le peuple, c'est cette immense base vivante sur laquelle pose l'humanité. Nous
sommes tous du peuple; nous le touchons
par quelque point, quoi qu'il arrive, par les
variations du pouvoir, ou de la fortune, ou
de l'intelligence, ou du génie parmi les hommes. Dieu n'a pas fait dans la race humaine
des régions distinctes qui n'aient rien de
commun entre elles. Tous les hommes se
tiennent par une chaîne qui monte au ciel.
A tous la vie est venue d'un même principe,
et ce principe se perpétue et se renouvelle
dans le peuple. Les grandes races, les fa-

milles illustres, les noms glorieux s'éteignent ;
le peuple ne meurt pas, et même c'est de lui
que partent de loin en loin les gloires nouvelles pour remplacer celles qui s'en vont.
Le peuple donc mérite d'entrer pour beaucoup dans les théories philosophiques de
l'humanité. Laissons ceux qui ne parlent que
selon des vues étroites d'ambition ou de vanité. Le peuple, cette grande masse qui fait
le fonds des sociétés humaines, s'offre à nous
sous des aspects plus hauts. Il le faut voir
sous la lumière de la Providence pour le bien
connaître ; sans cela, tout nous serait un
mystère dans sa condition. Comment nous
expliquer ses misères, et puis sa soumission
dans ses misères ? Peut-être, comme tant
d'autres, nous le croirions fait seulement
pour le travail et pour les larmes, et tout au
plus, au lieu de mépris, lui jetterions-nous
un peu de pitié ; ou bien, effrayés de cette
rude fatalité, qui sait si nous ne serions pas
tentés de lui parler à notre tour de sa royauté,
et de l'exciter à saisir le sceptre pour briser
la tête de ceux qui se sont faits ses
maîtres ! Hors des vues de la Providence, il

n'y a pour le peuple que l'excès du mépris
ou l'excès de la flatterie, c'est-à-dire l'alter-
native des misères ou des crimes : c'est tout
ce que lui peut offrir en réalité la philanthropie humaine.

Mais le christianisme, qui est l'expression
complète de l'ordre providentiel dans la conduite de l'humanité, se tourne avec d'autres
pensées vers le peuple. Le christianisme ne
méprise point et il n'exalte point le peuple,
mais il l'honore et il l'aime; il touche et il
bénit sa pauvreté ; il sanctifie ses haillons;
il ennoblit sa rudesse, et de son ignorance
même il fait un mérite et une vertu.

Le christianisme, cette œuvre immense de
régénération, a dû être la religion du peuple.
Il a donné au peuple la raison de la souffrance; cela seul eût fait du christianisme la
plus touchante philosophie, quand il n'eût
pas été une sainte et mystérieuse expiation.

C'est pourquoi le prêtre chrétien, à savoir,
l'homme de Dieu, s'est trouvé si naturellement l'homme du peuple, pourquoi il est devenu dès le commencement le maître, le
guide, le compagnon de sa vie.

Lorsqu'on parle de l'éducation du peuple, il est donc impossible que la pensée ne se porte pas aussitôt sur le prêtre chrétien.

Le prêtre dit au peuple le secret de sa condition, et seul il a droit de lui parler des devoirs qui s'y rattachent.

Sans la voix du prêtre, il n'y a pas d'éducation, c'est-à-dire il n'y a pas d'enseignement moral pour le peuple. Qu'avons-nous à dire au peuple, nous autres philosophes du peuple ? Lui ferons-nous aimer le labeur, le sacrifice, la privation, l'abnégation, les larmes ? Et de quel droit ? Est-ce que le peuple ne se rira pas de nos paroles ? Est-ce que nos livres ne lui paraîtront pas une insulte ?

Le prêtre qui peut dire : Heureux le pauvre ! heureux celui qui pleure et gémit ! heureux l'opprimé, le faible, le souffrant ! Le prêtre est le seul instituteur du peuple ; lui seul a mission pour lui parler, pour le consoler et pour le bénir.

Mais encore le prêtre qui peut et qui doit le mieux remplir ce saint office, c'est le curé, le prêtre du peuple.

Le curé, le plus souvent, est sorti du peuple ; il a vu et touché le peuple de près ; alors il lui appartient par le sang et par les premières souffrances de la vie. Il n'a jamais perdu le souvenir de son existence laborieuse et rude ; maintenant il lui est uni plus intimement encore. Le curé est planté au milieu du peuple ; il est l'envoyé de Dieu pour lui apprendre à porter avec joie ses douleurs. La voix du curé est ainsi doublement chère au peuple ; c'est une voix qui lui est dès longtemps connue, et lorsqu'elle lui revient avec cette grande sanction du ciel, elle lui est plus vénérable.

Et pourtant il peut arriver aussi que le curé ait été nourri dans les délices, et que, dès son jeune âge, il n'ait rien su des misères du peuple. Alors c'est une douce et touchante chose de voir cet homme élevé parmi les joies, s'aller mêler aux tristesses humaines. Le curé, venu des hauts rangs du monde, et se faisant peuple pour avoir une part plus large dans ses douleurs, est comme un ange qui fuit les plaisirs, pour se faire des privations une perfection de plus.

Mais, de quelque point que parte le curé,

il est toujours *l*'homme du peuple ; il est son maître et son conseiller ; il est pour lui toute 'autorité morale existante sur la terre.

De là l'admirable puissance du curé pour diriger naturellement l'éducation du peuple. Il l'éclaire d'abord par la religion. C'est autour du curé que se pressent les enfants du peuple. Quoi de plus beau que cette admirable école du catéchisme, cette leçon faite à l'église, cette répétition perpétuée de la touchante scène de Jésus-Christ : *Laissez venir à moi les petits enfants !* Que de charme dans cette image de la religion amie du peuple ! que d'amour dans cet enseignement ! que de bonté dans cette communication graduelle des devoirs de la vie ! Est-il possible qu'il y ait des hommes qui restent glacés à ce spectacle ? Qu'est-ce donc qui pourrait faire sortir une larme de ces cœurs de marbre ?

Le catéchisme est la grande école du peuple. Eh ! quoi, il est aussi notre école à nous hommes d'étude, chercheurs de morale, pauvres faiseurs de livres ; c'est là que nous avons puisé le peu que nous savons des mystères de l'humanité, et plus nous avons retenu des enseignements de notre curé, plus nous sommes savants dans la science de la vie.

C'est par le catéchisme que l'enfant du peuple devient plus éclairé que ne le fut le divin Platon. O ciel! ce que je dis, n'est-ce pas un blasphème?

Je l'affirme! le catéchisme est une philosophie devant laquelle Platon se fût agenouillé en jetant ses mains au ciel, et poussant des cris d'amour et d'humilité.

Et si Platon eût vu une assemblée de petits enfants du peuple pressés autour du curé, s'il avait vu cette leçon admirable où les secrets les plus hauts du ciel s'ouvrent naturellement et naïvement à des intelligences incultes, Platon eût manqué de termes pour dire tout son étonnement et son enthousiasme.

Recueillez dans tous les livres de la terre, dans tous les codes, dans toutes les philosophies, tout ce que vous pourrez trouver de préceptes de sagesse et de vertu, et vous n'aurez rien qui approche de l'ensemble des croyances et des devoirs qui sont enseignés dans le catéchisme.

Et c'est peu d'avoir en un petit livre tout le résumé de la science morale de l'homme. Ce petit livre serait muet et sans puissance, comme tous les livres de philosophie, s'il ne se trouvait un docteur pour l'expliquer au peuple, et ce docteur c'est le curé. C'est le curé qui donne la vie à cette parole pleine de mystère. C'est lui qui la rend intelligible à des esprits d'enfants à peine ouverts aux notions communes de la vie. Le curé est donc ainsi l'instrument de cette éducation morale, de cette *institution* du peuple, sans laquelle le peuple serait barbare ; ôtez le curé, philosophes, et dites-moi qui est-ce qui se chargera de préparer à l'enfant du peuple cette nourriture admirable de l'intelligence, d'où naît le sentiment des devoirs, d'où naît la conscience, d'où naît la vertu, d'où naît le respect de toutes les conditions de la société ? Hors du curé, trouvez-moi dans le monde une existence publique ou privée, autour de laquelle viennent comme par instinct se grouper les enfants du peuple ! hors lui, qui est-ce qui est l'ami du peuple ? qui est-ce qui le peut éclairer ? qui est-ce qui a le secret de ses nécessités, de ses misères, de ses ignorances? L'homme qui fait des livres pour le peuple, a-t-il vu jamais le peuple? Celui qui commande au peuple, est-il jamais descendu dans les asiles du peuple? Celui qui fait des lois pour le peuple, sait-il ce que le peuple demande aux législateurs? C'est le curé qui vit parmi le peuple. Lui seul a toute la révélation de cette existence, qui ne ressemble à rien de ce qui est connu du monde. Lui seul aussi a l'instinct de ses besoins. Ecoutez, philosophes! vous faites des écoles, c'est bien. Ferez-vous quelque chose qui ressemble au presbytère? Le presbytère est le rendez-vous du peuple. C'est l'asile où se réfugient les mères qui pleurent, les veuves qui se lamentent, les pères qui n'ont plus de fils, les pauvres, les orphelins, tous ceux qui ont une douleur secrète au fond de l'âme. Les femmes surtout affluent au presbytère comme elles affluent à l'église. Savez-vous pourquoi? c'est que les femmes portent la plus lourde part des douleurs humaines. Le presbytère est l'hospice où vont se guérir les misères morales. C'est là que va le pauvre

peuple en ses jours de malheur. Et il est vrai
qu'il y va aussi en ses jours de joie. Le presbytère est le confident du peuple. C'est pourquoi les premiers pas des enfants du peuple
se dirigent naturellement vers le presbytère.
Les enfants vont là représenter naïvement
l'amour et la gratitude des parents. Et aussi,
que c'est une douce chose de voir les enfants
se confier en la parole du curé, rechercher
ses caresses et se glorifier de ses témoignages !
Tout dispose les enfants du peuple à accepter le curé comme le maître et le gardien de
leur vie. Chaque famille nourrit cette pensée. C'est comme un instinct dans le christianisme. C'est un besoin qui se fait jour dès
les premiers ans, et dont le vieillard sent encore l'empire, lorsque, entouré à son foyer
de petits enfants, il les convie à mériter les
bonnes grâces du curé, comme un bon présage d'avenir. Ainsi naturellement, et par le
penchant des âmes, le peuple va au curé, et
le curé fait l'éducation du peuple, non-seulement par le droit de son ministère, mais
par l'autorité que donne la confiance. Le
peuple est comme une grande famille qui se

groupe autour du curé. Le curé n'a point
d'autre amour sur la terre. Son âme s'épan-
che tout entière sur le peuple qu'il éclaire et
qu'il bénit. Quel maître et quels disciples !
c'est l'affection qui fait toute la discipline de
cette école. Hélas ! il a fallu que de fortes
tempêtes vinssent passer sur la société humaine pour que cette unité de famille pût
être rompue. Ce serait un horrible malheur
qu'elle ne dût pas reparaître. Ce serait plus
qu'un malheur, ce serait un crime qu'il se
trouvât des hommes capables de lui perpétuer des obstacles. S'il se pouvait faire que
le curé manquât au peuple, il n'y aurait plus
pour le peuple d'autre maître que le gendarme et d'autre morale que la police des bagnes. Toute l'éducation serait dans les règlements de police, toute la vertu serait la peur
et toute l'innocence l'hypocrisie.

II.

Caractère de l'éducation du peuple.

————

Beaucoup s'occupent de l'éducation du peuple, peu savent ce qu'elle doit être.

Prenons garde, vous et moi, mon ami, aux mécomptes et aux erreurs.

L'éducation du peuple a des conditions que le christianisme seul nous fait connaître. Car le christianisme est l'ami du peuple, et comme il est toute raison et toute sagesse, l'amour qu'il porte au peuple ne saurait jamais donner lieu à des égarements ou à des illusions.

L'éducation du peuple sera principalement morale. Elle aura pour objet de le rendre bon, simple, charitable, fidèle aux devoirs de la vie civile comme de la vie domestique.

Ce serait une folie de prétendre donner au peuple cette politesse élégante que nous avons cherchée dans les classes ornées de la société. Il y a dans le peuple un air de rudesse qui, plus souvent qu'on ne pense, cache et défend la vertu. Si l'éducation avait seulement pour objet de faire perdre au peuple cette aspérité, pour lui donner les semblants de l'élégance, je crois que tout au plus elle parviendrait à l'initier aux vices de la civilisation, sans lui donner autre chose qu'une vaine imitation de ses grâces. L'éducation serait alors une corruption.

La politesse du peuple doit être profonde et vraie ; elle doit être dans le fond de l'âme. Ce ne sera pas seulement un ornement, ce sera une vertu.

Le peuple bien élevé sera religieux, et sa

religion sera clémente, hospitalière, bienfaisante.

La piété du peuple est un admirable instinct d'éducation. Elle lui donne le sentiment des convenances. Elle lui donne de la dignité, pour lui et pour les autres. Elle ennoblit son humilité ; elle agrandit sa pauvreté ; elle donne je ne sais quoi de vénérable à sa condition de misère et de souffrance.

Gardez-vous d'un peuple sans religion ! Je ne parle pas des vices qui le rongeront et des crimes qui le souilleront, je parle des habitudes d'éducation qui le rendront intraitable et farouche.

Un peuple sans religion sera orgueilleux et jaloux ; sa parole sera âpre et hautaine ; son aspect sera insultant ; sa grossièreté sera méprisante. N'attendez pas de lui un échange d'égards et de politesse. Il prendra votre bienveillance pour de la timidité, et il y répondra par la dérision. Le moindre défaut d'un peuple sans religion, c'est l'insolence ou la sottise.

Oui, un tel peuple serait à fuir, non point, je le redis, à cause de ses vices ou de ses crimes, mais seulement à cause de ses habitudes insociables et demi-sauvages.

Vraiment les philosophes sont peu philosophes. Ils veulent donner de l'éducation au peuple, et ils ôtent le seul élément d'éducation, qui est la religion.

La religion est toute la civilisation possible entre les hommes ; aux hommes d'une culture élégante elle donne une politesse qui ne cache pas la corruption. Au peuple, elle donne un sentiment de convenance qui supplée à la politesse.

Les philosophes ont dit plus d'une fois que la religion entretenait le peuple dans l'abjection et la servilité ! Mais sans la religion, mon ami, et vous le savez, le peuple serait un pauvre esclave foulé par les grands et par les puissants ; et tout au plus aurait-il la fatale ressource de se relever de temps en temps avec ses chaînes pour les briser sur la tête de ses maîtres. Est-ce que c'est là un état naturel de société et de liberté ?

Si l'éducation du peuple n'a pas ce doux caractère de dignité bienveillante que donne le christianisme, croyez que le peuple ira

soit à la barbarie par l'excès de l'orgueil et
de la rudesse, soit à la servitude par l'excès
de la soumission et de la peur.

Et qui est-ce qui a droit, dites-moi, de
mettre au front du peuple un signe qui le
rende vénérable et cher à ceux qui commandent? ou bien, qui est-ce qui a mission de
sacrer la puissance aux yeux du peuple et de
la lui rendre sainte et inviolable?

C'est par l'éducation, disent-ils, qu'ils ac-
coutumeront les hommes à se porter mu-
tuellement des égards d'affection et de respect. Hélas! hélas! la religion elle-même,
toute puissante qu'elle est, ne triomphe pas
toujours des passions qui brûlent le cœur de
l'homme; que pourra donc faire l'éducation
dont ils parlent? c'est-à-dire, après tout, une
convention? car l'éducation, si c'est d'eux
qu'elle vient, et d'eux seulement, l'éducation
n'impose rien à la conscience; l'éducation
est un leurre; l'éducation, ce n'est rien. Et
vous pensez, philosophes, que le peuple ac-
ceptera cette convention, ce leurre, ce rien
que vous lui faites. Moi, je vous dis qu'il se
rira de vous, et il fera bien.

Pour faire l'éducation du peuple, il faut pouvoir parler à sa raison avec autorité. La raison des philosophes ne suffit pas à cet office.

L'éducation du peuple n'est pas une œuvre de simple philanthropie ; c'est à la fois une œuvre de haute politique et de charité. Or, le christianisme seul donne la raison et les moyens de cette œuvre sociale et humaine.

Donnez donc à l'éducation du peuple un caractère chrétien, et vous en aurez fait une éducation de progrès véritable. Otez les systèmes qui ne reposent que sur des calculs d'utilité. Ce qui est une utilité aux uns ne l'est point aux autres, et en faisant de ce principe la base de l'éducation, vous apprenez seulement au peuple l'art de se servir de sa force selon le calcul de son intérêt. Ceci va loin, qui peut l'ignorer ?

L'éducation n'ôtera point au peuple la volonté d'améliorer sa vie ; elle lui laissera toute l'énergie de son travail et tout le courage de son ambition. Mais ses désirs ne s'égareront pas jusqu'à la folie. Il ne se méprendra pas sur les conditions de l'humanité.

Il n'ira pas à des chimères. Il ne sortira pas des réalités au milieu desquelles il est plongé pour courir après des rêves et des ombres. Il saura que les hommes sont liés entre eux par un lien d'amour ; que dans les positions inégales de la vie humaine, il y a quelque chose qui est commun, c'est le devoir et la vertu.

L'éducation du peuple sera modeste sans ôter les hautes pensées. Elle sera patriotique. Elle fera aimer la gloire et les vertus des aïeux. Elle excitera l'émulation des beaux exemples. Elle inspirera l'aversion des turpitudes et des lâchetés. Et en cela encore elle sera chrétienne ; car le christianisme est l'inspiration de tout ce qui est noble et grand.

Tel sera le caractère de l'éducation du peuple. L'éducation, je l'ai dit souvent, ce n'est pas l'instruction, mais la règle, la pensée, l'âme de l'instruction. Ce qu'il faut au peuple, c'est d'abord l'éducation, et puis encore l'éducation, et toujours l'éducation ; non point une éducation artificielle et trompeuse, mais une éducation réelle et pénétrante ; une éducation qui le saisisse par le fond des entrailles en quelque sorte; une éducation qui lui tienne lieu de toute culture, qui domine sa vie entière et l'assujettisse fortement aux lois d'ordre moral qui sont toutes les conditions de son bouheur.

Et vous voyez qu'ainsi nous revenons toujours au christianisme. Lui seul a le secret de cet empire moral, sous lequel l'homme se façonne aux vertus, et non seulement aux vertus, mais encore à la politesse et à la grâce.

III.

Mœurs du peuple. Défauts et vertus du peuple.

———

Il s'ensuit donc que tout homme qui veut s'occuper de l'éducation du peuple, doit savoir d'abord ce qui est propre au peuple, et ce qui le fait peuple en quelque sorte.

Je ne veux pas dire qu'il doit pénétrer la question philosophique du peuple, grande question qui sert de base à toute la théorie

des sociétés. La philosophie ne saurait se
rendre compte à elle-même de cette distribution des couches humaines, sans remon-
ter à un ordre supérieur. Dieu seul est
l'explication du peuple, envisagé sous le rapport de la constitution politique des nations
et des empires.

Mais le peuple étant d'abord accepté
comme un grand fait social, indépendamment des explications que nous en peut donner la raison des philosophes, l'objet du moraliste est d'étudier la nature propre de
cette masse toujours survivante à elle-même,
et toujours soumise aux mêmes conditions de
travail, de souffrance et de sacrifice.

Le peuple a sa nature en effet. Il a ses
lois de vie, comme peuple. Il n'est pas peuple uniquement parce qu'il est placé acci-
dentellement à cette basse région de l'ordre
humain. Il est peuple, parce qu'il a des manières d'être qui le font peuple, c'est-à-dire
il a ses mœurs, ses habitudes, ses besoins, et
par conséquent ses défauts et ses vertus. Et
voilà ce que doit étudier tout homme qui
s'occupe de l'éducation du peuple. Autrement,

il se trompera infailliblement dans toutes ses vues d'éducation.

Ceci se comprend trop bien, mon ami. Si vous élevez le peuple, pour lui donner d'autres mœurs que ses mœurs, d'autres vertus que ses vertus, vous changez la nature du peuple, c'est-à-dire vous faites, non une œuvre d'éducation, mais une œuvre de révolution.

Mais sera-ce qu'après une révolution ainsi faite il n'y aura plus de peuple? Ah! un peuple se fera toujours, croyez-le bien! car c'est la condition fondamentale, *fatale*, si vous voulez, de la grande existence humaine. Mais il faudra du temps pour remettre la société sur sa base, et ainsi, croyant avoir fait le bonheur des hommes, vous les aurez tourmentés par des déplacements violents, rapides, destructeurs, lorsqu'il est si facile à la Providence de produire ces mouvements graduellement et sans secousse.

L'éducation du peuple sera meurtrière, si elle ne laisse pas au peuple sa nature propre.

Eh! quoi, ce que nous aimons dans le

peuple, n'est-ce pas précisément sa physionomie de peuple? Si le peuple prend des vêtements de ville, ou de château, ou de palais, il n'est plus peuple, et il n'est rien. Il n'est ni châtelain, ni grand seigneur, ni villageois. Sa physionomie s'est enfuie, et il n'a qu'une forme d'emprunt qui lui ôte sa vérité sans lui donner l'attrait de l'imitation.

Il en sera ainsi de sa nature morale. Changez les habitudes du peuple, changez ses mœurs et ses besoins, je ne sais si vous lui en aurez donné de meilleurs; mais assurément vous lui aurez ôté toutes les réalités de son existence et vous lui aurez fait des conditions nouvelles, dans lesquelles sa vie sera mal à l'aise et tourmentée.

C'est un grand malheur pour l'homme de ne savoir pas accepter les lois naturelles qui lui ont été faites. L'éducation devrait avoir pour but de nous façonner à ces lois. Alors elle serait parfaite.

Ceci s'applique particulièrement à l'éducation du peuple. Connaissons sa nature propre, pour conformer nos enseignements et nos préceptes aux conditions de son existence et à son utilité véritable.

Le peuple a ses éléments moraux qui doivent servir de règle à nos études. Non point qu'il faille laisser aller le peuple à des égarements qui sembleraient être une suite naturelle de sa constitution de peuple ; quelle théorie ce serait ! Mais connaissant ce qui est propre au peuple, nous ne lui demanderons point des perfectionnements qu'il ne saurait réaliser.

Les mêmes vertus assurément conviennent également à tous les hommes, et le christianisme surtout a su l'art d'accommoder les devoirs à toutes les conditions de la vie humaine. Mais il y a des perfections d'intelligence comme des délicatesses d'affection que vous ne demanderez pas au peuple, et croyez que l'humanité n'y perdra pas.

Avec sa rudesse inculte, le peuple a le sentiment de toutes les grandes choses qui tiennent au christianisme. Il porte en lui-même un instinct profond de dévouement et de charité. Dans les adversités publiques, on a vu parmi le peuple des exemples de sacrifice

personnel dont le récit arrache des larmes.
Dans les infortunes privées, on voit tous les
jours des traits de générosité courageuse, dignes des temps les plus saints et les plus
purs. Les femmes du peuple gardent surtout
le secret de ces sublimes inspirations. Et en
général, les caractères les plus rudes en apparence, suivent le plus naturellement cette
impulsion d'abnégation et de courage. Or, il
est plus d'une fois arrivé que la culture a ôté
au peuple ce libre instinct de grandes choses, pour ne lui donner qu'une imitation des
raffinements qui sont propres à la corruption. Ceci est écrit en style effrayant dans
l'histoire de ce qu'on appelle la civilisation.
Serait-ce que la culture du peuple est funeste, et faudra-t-il redire les paroles de
Rousseau sur l'éducation? A Dieu ne plaise!
ce qui est funeste, c'est une culture mala-
droite, inopportune et sans prévoyance.
Quand on élève le peuple de telle sorte qu'il
doive perdre ses inspirations naïves de vertu,
sans gagner aucun des perfectionnements
réels de la politesse, on le dresse aux vices
de l'égoïsme et on le dispose au malheur,

voilà tout ce que peut faire la philanthropie avec son zèle sans intelligence et sans
amour.

C'est donc qu'il est nécessaire au moraliste
de bien savoir la nature propre du peuple,
pour s'occuper utilement de son éducation.

Il est des gens qui ne sauraient supporter
le simple aspect extérieur du peuple. Quoi !
un langage sans délicatesse ! des formes
rudes ! des habitudes âpres ! Hâtez-vous, disent-ils, d'initier le peuple aux raffinements
de la vie civile.

Plaisants amis du peuple ! Que ne disent-
ils d'ôter du monde l'image du travail et de
la peine !

De même que le peuple a les mains cal-
leuses, il a les habitudes âpres et dures, parce
que c'est sa condition de peuple.

Il convient donc de supporter d'abord ce
qui ne saurait être changé : l'objet de l'éducation est d'ôter les vices du peuple ; la chimère, c'est d'espérer pouvoir lui ôter jusqu'à
ses défauts et même jusqu'à sa nature.

Qu'est-ce d'ailleurs que les défauts du
peuple ? Avouez, mon ami, que l'homme du

monde les juge le plus souvent relativement
à des perfections d'habitudes dont lui seul a
le sentiment, mais que le peuple ne soupçonne pas.

Il est pourtant des défauts que l'éducation
doit attaquer partout, soit dans le peuple,
soit dans les autres classes de la société humaine, parce qu'ils touchent de près à des
vices. Si le peuple est envieux de la richesse,
s'il ne supporte qu'avec colère le bien-être et
la prospérité d'autrui ; s'il s'irrite à l'aspect
des grands, et si son âpreté devient de l'insulte, certes l'éducation doit se hâter de
courir au-devant de cette nature inculte qui
franchit ses bornes. Mais que dis-je? N'est-
ce pas peut-être qu'une culture s'est déjà
montrée, et qu'ayant voulu réformer la
grossièreté du peuple, c'est elle qui l'a per-
verti?

Le peuple ne va pas de lui-même à la
haine et à l'envie: sa faiblesse le dispose
plutôt à la bienveillance, mais aussi il ne
faut pas que sa faiblesse serve de prétexte
et d'excitation à la méchanceté : alors
elle se peut aisément changer en fureur.

J'oserai presque dire que le peuple naît
bon ; c'est son instinct d'être bon, et sa bonté
fait contraste avec sa rudesse ; mais il est facile à devenir mauvais. Alors il devient
atroce, et c'est toujours la faute de ses conseillers et de ses guides.

L'éducation peut donc être aisément une
corruption de plus ; c'est lorsqu'elle enlève
au peuple ses penchants naturels de bienveillance, pour lui faire haïr les hommes, et
surtout ceux qui commandent.

Ce qui est très-remarquable, c'est qu'on
n'égare le peuple qu'en lui jetant de belles et
nobles images, des images de gloire, ou de
patrie, ou de liberté. C'est donc qu'il y a au
cœur du peuple une secrète impulsion vers
les grandes choses ; et s'il se trompe, c'est
qu'on le trompe.

On dit souvent : le peuple est inconstant.
Il faudrait dire qu'il est facile à l'impulsion
de ceux qui s'annoncent comme ses maîtres.
Cela tient à son inexpérience des passions
humaines. Sa crédulité le livre à l'action
d'autrui. Mais de lui-même le peuple est
fidèle à ses souvenirs et à ses affections. Il y

a dans sa fidélité quelque chose d'invincible ; c'est quelquefois une sorte de routine ; mais la routine même, c'est l'aversion des nouveautés. Vous voyez le peuple se mêler aux révolutions comme un instrument propre à tout briser, et le lendemain vous le retrouvez tel qu'il était la veille. Rien n'est changé dans ses idées et dans ses amours, et il se demande pourquoi on lui a fait faire des révolutions. Le crime des révolutions faites par le peuple n'est jamais le crime du peuple. Son inconstance, c'est de l'irréflexion. Les criminels, ce sont ceux qui mentent à sa naïveté et qui trafiquent de son ignorance.

Il y a pourtant dans cette simplicité du peuple à suivre l'impulsion d'autrui, un penchant mauvais qu'il faut connaître. Le peuple croit aisément au mal. Il est soupçonneux, il est défiant. C'est pour lui comme une superstition d'imaginer qu'il y a de méchants génies qui le menacent et lui peuvent nuire. Cette disposition naturelle est mystérieuse ; elle semble perpétuer la tradition de la première histoire de l'homme. Souvent il personnifie ces méchants génies, et on l'a vu poursuivre furieusement de pauvres innocentes vieilles femmes ou de pauvres vieillards infirmes, et se faire cruel contre eux par le simple soupçon d'une puissance cachée et odieuse. Quelquefois cette même disposition craintive se tourne volontiers du côté des hommes qui exercent le pouvoir sur la terre. Pour peu qu'il se trouve des langues perverses pour dire au peuple qu'il se trame contre lui dans les hauteurs de la société quelque immense conjuration de meurtre et d'opprobre, le peuple les croira. Le peuple croit tout ce qui est horrible, exorbitant, énorme. Fatal penchant, source de crimes et de malheurs ! Comment ôter ce penchant du peuple ? ce serait presque lui ôter sa nature. Ne sera-t-il pas plus social et plus politique de réprimer les langues infâmes qui l'égarent et qui le trahissent.

Encore une fois, connaissons bien le peuple tel qu'il est, pour accommoder son éducation à ses infirmités et à ses besoins.

Le peuple a de bons instincts, et il en a

de mauvais. Faisons que l'éducation fortifie les uns et tempère les autres.

Ne nous attaquons pas vainement à de certaines conditions qui constituent la nature du peuple. Laissons au peuple sa simplicité rude, sa naïveté inculte, ses habitudes âpres, pourvu que sous cette forme il se trouve de la fidélité, de la vérité et de la candeur. Corrigeons dans le peuple tout ce qui ressemble à de la défiance par rapport aux classes fortunées. Ce sentiment développé peut aller à toutes les fureurs. Corrigeons l'esprit de jalousie et d'égoïsme. En apprenant au peuple l'économie et la prévoyance, gardons-nous de le pousser à la cupidité et à l'avarice ; il irait bientôt à toutes les ruses du vol. La pauvreté se trompe aisément sur le sentiment de la justice. Le peuple accepte volontiers certaines illusions sur le droit de la propriété. Soyons d'une sollicitude infinie à écarter les idées fausses et à vaincre les instincts mauvais. C'est ici un des saints objets de l'éducation.

Entourons le peuple de soins et gardons-le des piéges qui l'entourent. Ne l'appelons pas aux délicatesses de la vie perfectionnée des salons ; mais faisons que le bon sens qui règle la sienne devienne plus fort que les ruses des corrupteurs.

De tout temps l'imagination des moralistes, comme celle des poëtes, s'est reposée sur le peuple pour y trouver des spectacles de vertu, lorsque le reste de la société s'en allait rongée par les vices. C'est que la dégradation, en effet, n'atteint le peuple que le dernier. Et aussi c'est une magnifique espérance de pouvoir reprendre la sociabilité par le peuple. Le christianisme, indépendamment de sa mission surhumaine, a déjà sauvé une fois le monde par cet office merveilleux. Puisse-t-il le sauver encore ! Le peuple a beaucoup souffert des contagions qui ont ravagé la terre depuis un siècle ; mais sa nature n'est pas entièrement gâtée. Il reste quelque prise à l'éducation, par les douleurs, par les misères, par les mécomptes qui ont servi de leçon au peuple. Ah ! la souffrance est un grand remède contre les erreurs. Quand le peuple a dû passer par le deuil et par les larmes, il a toujours trouvé auprès de lui la

religion pour le consoler. Les flatteurs s'é-
taient enfuis. C'est là ce qui rend désormais
facile l'éducation du peuple. Ses vertus ont
une excitation dans le souvenir de ses malheurs, et ses défauts une correction dans l'expérience de ses méprises.

IV.

De l'instruction du peuple.

———

Je ne vous ai parlé jusqu'ici que de l'éducation du peuple, mon ami. Je ne devrais pas vous parler d'autre chose.

Mais de toutes parts arrivent d'autres mots à vos oreilles : Instruisez le peuple ! Le peuple est ignorant, le peuple est grossier, le peuple croupit dans la fange ! Donnez de l'instruction au peuple ! Sauvez le peuple !

Voilà le bruit assourdissant que vous entendez : et puisqu'on parle si haut de l'instruction du peuple, il faut bien que j'en parle aussi, quoiqu'avec plus de discrétion et plus de vérité peut-être.

Qu'est-ce donc que cette instruction qu'il faut donner au peuple, sous peine de le voir périr dans l'abjection ?

Ecoutez-moi, je vous prie, avec bonté, vous qui êtes l'ami du peuple et son véritable maître ; vous qui savez mieux que nul autre quelle doit être son instruction. J'ai déjà dit plus d'une fois que le malheur de l'*instruction*, en notre temps, est de ne se point accommoder aux diverses vocations de l'homme. On a voulu à toute force généraliser l'instruction, c'est-à-dire faire que tous les hommes fussent à peu près instruits de la même manière, et ainsi que tous fussent aptes à tout.

O moralistes ! ô précepteurs de l'humanité ! où allez-vous avec vos chimères ?

Sans doute après avoir appliqué leur pensée, comme ils ont pu, aux classes supérieures de la société, ils ont bien soupçonné qu'elle trouverait quelque obstacle à descendre dans cette masse profonde du peuple, et qu'après tout, si elle parvenait à la pénétrer, ce ne serait que pour la dissoudre ; car d'élever les hommes et tous les hommes pour être des poëtes ou des chimistes, des physiciens ou des gens de lettres, des philosophes ou des politiques, des industriels ou des légistes, c'est attaquer par son principe la vie sociale ; c'est ruiner la condition des vocations civiles et domestiques ; c'est, sous le nom de lumières, détruire l'ordre humain ; bien mieux, hélas ! c'est extirper la science même du milieu des hommes ; car, si les lumières sont communes, l'énergie des esprits en sera altérée, et dans la propagation égale de l'instruction, on ôte jusqu'à la possibilité du génie, cette sublime aristocratie des intelligences.

Qu'a-t-on fait pour échapper à cette extrémité, en ce qui regarde le peuple ? On a réduit l'instruction à des proportions toutes menues, et on l'a mise en petits journaux et en almanachs. Et puis on a battu des mains ; on a dit : Voilà un peuple savant ! Il lit nos

pètits livres et nos petits abrégés! L'instruction du peuple est au comble! Et quant à la
science des savants, elle restera ce qu'elle
est ; nul dommage ne sera fait aux académies.

Mon ami, vous savez ce qui est arrivé de
cette diffusion de petite science ; vous savez
le bien qu'elle a fait au peuple ; vous savez
aussi si l'esprit humain en est resté plus libre
dans son expansion.

Cette science dont on parle et qu'on a mise
en petits livrets d'un sou, est devenue une
grande supercherie publique. Elle devait
sauver le peuple de toutes les erreurs, et elle
lui a donné une outrecuidance qui l'expose
à tous les mécomptes.

Voici comment la chose est arrivée. Tous
les observateurs moralistes avaient parlé du
bon sens du peuple. Le bon sens du peuple
tenait précisément à un certain respect pour
l'expérience des âges passés, expérience le
plus souvent formulée en proverbes d'une
simplicité vulgaire, mais d'une vérité d'application remarquable. Or, l'instruction qu'on
a donnée au peuple a eu pour premier objet

d'attaquer ces témoignages antiques de la sagesse, sous le nom de préjugés, et de faire croire au peuple qu'il pouvait très-bien se faire à lui-même son expérience, sans recourir aux souvenirs des vieux temps. De là il est arrivé que le bon sens du peuple est devenu de la suffisance, et sa sagesse de la vanité.

Alors ont pris naissance, dans le peuple, les vices de l'esprit, analogues à ceux qui avaient passé par les hauteurs de la société; vices cruels et le plus souvent sans remède, car ils procèdent de l'orgueil, ce mortel poison de l'intelligence.

Alors vous avez vu le peuple commencer à se faire philosophe, c'est-à-dire, défiant par rapport au reste des hommes, et confiant par rapport à lui-même. Vous l'avez vu fuir le contact de tout ce qui pouvait lui rappeler des images de sagesse antique ou d'autorité. Vous l'avez vu s'éloigner du presbytère, cet asile des choses anciennes, ce sanctuaire des traditions vénérables et populaires. Vous l'avez vu prendre des airs hautains et dédaigneux, avec une parole inconnue de sarcasme et d'ironié. Vous l'avez vu enfin renoncer à ses habitudes de simplicité touchante et naïve, pour se donner des semblants de civilisation impertinente et mal apprise. Voilà ce que vous avez vu : tel a été l'effet de ce qu'on a nommé l'instruction du peuple.

Prenez garde, mon ami, que je ne présente les conséquences de cette sorte d'instruction, qu'en ce qu'elles ont de moins effrayant pour la pensée. D'autres ont été plus hardis que moi. Vous avez entendu un philosophe, un homme qui avait passé quinze ou vingt ans de sa vie à instruire le peuple, un écrivain d'académie, un théoricien de philanthropie, un honnête homme après tout, venir déclarer à la France, que l'instruction tuait le peuple, qu'elle le rendait vicieux et criminel, et qu'il se fallait hâter d'arracher du peuple ce germe de ruine et de mort (1).

O mon ami ! est-ce que jamais vous auriez médit à ce point de l'instruction ? Et n'est-ce pas que le philosophe, ne voulant pas pro-

(1) Lettres de M. de Morogues au *Moniteur*, sur l'instruction du peuple ; 1836.

clamer qu'il avait donné une instruction
mauvaise au peuple, trouvait plus commode
de dire que l'instruction en général était
meurtrière ?

Non, non, nous n'arriverons pas, vous et
moi, à un tel excès d'opinion. M. de Morogues a pu dresser une liste statistique des
crimes commis en France pendant une certaine période d'années, pour marquer la
proportion progressive des malfaiteurs selon
les degrés de leur instruction, c'est-à-dire,
en quelque sorte pour attester que la pure
ignorance est une condition plus favorable
d'innocence et de vertu. Que s'ensuivait-il ?
C'est peut-être que la pure ignorance est
meilleure que l'espèce [d'instruction dont il
avait le triste effet sous les yeux, mais non
point assurément meilleure que l'instruction
en général; car l'instruction, d'elle-même,
est bonne, et ce n'est pas sa faute si la méchanceté des hommes la vient pervertir.

Ah ! quand les philosophes se trompent,
ils se trompent plus que les autres hommes ;
car rien ne les arrête dans leurs pensées, et
c'est pourquoi leurs changements sont brus-

ques et leurs contradictions sont énormes.

Avec de la modestie, ils se tromperaient moins, et aussi la correction de leurs erreurs serait plus calme et plus tempérée.

D'autres, au contraire, en sont à nous parler du progrès de l'instruction, et ils se jettent dans l'avenir, pleins d'espérance et de joie, parce qu'il se fait des écoles pour apprendre au peuple les éléments de la lecture, de l'écriture et du calcul ! Voilà, disent-ils, la grande supériorité du siècle ! Voilà les lumières ! voilà le progrès ! Hé, mon Dieu ! si ces petits éléments de la science humaine doivent être au peuple une raison de vanité, où en sommes-nous ? On nous a dit que le peuple devenait criminel par l'instruction ; ce serait déjà beaucoup trop, et rien n'oblige de le rendre pédant et ridicule par surcroît.

Entre ces opinions extrêmes, cherchons le vrai avec calme et sincérité.

L'instruction doit être comme un complément de l'éducation. Autrement, ce mécanisme chétif d'écriture ou de lecture, qu'on appelle l'instruction du peuple, sera le plus

souvent inutile à des intelligences restées incultes. L'instruction embrasse d'abord ce qui
éclaire l'esprit et rectifie le cœur. Le reste est
accidentel, et ne doit servir tout au plus
que d'instrument pour les facilités de la
vie.

Mais vous-même demandez quelquefois si
l'on n'a pas créé au peuple un besoin artifi-
ciel, en lui inspirant le désir d'une certaine
instruction. Pourquoi vous préoccuper de
cette recherche? Le besoin existe; c'est un
fait plus puissant que les opinions. Le devoir
est d'empêcher qu'il ne tourne au détriment
du peuple.

Puis, vous le savez, il y a des peuples à
qui l'instruction n'a pas ôté la simplicité des
mœurs; comme il y en a qu'elle a corrompus;
c'est donc toujours revenir aux conditions
morales de l'instruction. L'instruction est
bonne et elle est mauvaise; cela dépend de
ceux qui la donnent plus encore que de ceux
qui la reçoivent. Il en est ainsi de toutes les
choses que Dieu a faites à l'usage de l'homme :
ainsi de la raison, ainsi de la parole, ainsi de
la volonté. Nous gâtons ce qu'il y a de plus

saint; c'est notre droit de liberté; triste droit, hélas! et qui pourtant fait toute la gloire et tout le mérite de la vertu.

Ne nous effrayons donc pas des périls de l'instruction. Ce n'est pas l'instruction qui est mauvaise, c'est l'homme; corrigeons-le par l'expérience. C'est là aussi une instruction, et elle est plus forte que les théories.

Mais sachons surtout quelle est l'instruction qui convient au peuple.

L'instruction du peuple, mon ami, sera modeste et simple; elle sera applicable à ses besoins et analogue à ses vocations. Elle ne lui ôtera pas, à Dieu ne plaise! cette tradition de bon sens qui est toute sa force dans la pratique des choses de la vie. Elle lui laissera au contraire ce respect pour les vieux temps, cette fidélité des souvenirs, cet amour des vieilles choses, qui est au fond de la nature du peuple, et qui lui tient lieu d'étude et de méditation.

Cette instruction est limitée à des objets bien connus, et je ne vais pas ici les reprendre avec détail. Je veux seulement redire qu'il les faudra animer par une pensée mo-

rale d'enseignement, autrement ils ne sauraient former une instruction véritable. Ce
n'est rien d'apprendre au peuple à lire, à
écrire, à calculer! Il se rencontre dans les
classes les plus incultes des hommes qui
suppléent merveilleusement à ces éléments
mécaniques par un instinct qui déconcerte
les plus habiles. Mais il y a une pensée plus
haute que l'instinct ne saisit pas, et c'est
cette pensée qu'il faut répandre dans cet enseignement modeste du peuple, qu'on appelle l'instruction, et qui n'est qu'une initia-
tion timide aux plus faibles éléments de la
science humaine.

Vous le savez, il est une science qu'il est
donné à tous d'approfondir également, c'est
la science de la religion et de la morale. Le
peuple, en cette science, ne reste en arrière
d'aucune intelligence et d'aucun génie. Il la
peut pénétrer dans ses profondeurs et dans
ses mystères. Il la peut comprendre dans ce
qu'elle a de plus haut. Sa langue naïve et
rude a des secrets pour la transmettre aux
petits enfants et la leur rendre accessible
avant qu'ils aient rien pu soupçonner ou

comprendre des réalités de la vie. Voilà donc le fond d'enseignement pour le peuple, et je ne le saurais séparer de tous les autres objets de son instruction. L'école du peuple doit d'abord être une école de religion. Le maître du peuple doit d'abord être un apôtre.

Ah ! je prononce ces paroles avec tout ce que j'ai de force au fond de l'âme. Ou bien, mon ami, j'aurais à mon tour le courage d'aller chercher cette autre opinion, cette opinion fatale de l'ignorance, dont je vous parlais tout à l'heure.

C'est par la religion que l'instruction aura pour le peuple des applications de chaque jour. La religion est la grande lumière du peuple. Elle lui fait aimer les devoirs. Elle lui donne une raison de la justice et de toutes les obligations de la société humaine.

Si le peuple est bien instruit de la religion, il aura une disposition merveilleuse à bien juger de toutes les choses de la vie.

La religion éclaire toutes les questions dont les hommes disputent entre eux, même les questions sociales et les questions politiques ; ces grandes questions que les ambitieux enveloppent de ténèbres, et que les esprits populaires savent démêler, dès qu'ils appellent à leur aide le bon sens chrétien, la plus haute et la plus sûre des philosophies.

Le peuple ne devra-t-il pas de même être instruit de l'histoire de la patrie? Ah! ce serait une œuvre sociale, digne de vénération et d'hommage, d'apprendre au peuple à garder le souvenir des vieux temps! Le peuple n'approfondira pas les monuments de l'histoire, mais ne devra-t-il pas en avoir une notion précise? Ne devra-t-il pas savoir les révolutions qui ont ravagé cette terre qu'il foule et qu'il arrose de ses sueurs, et sa mémoire ne gardera-t-elle pas les noms des grands hommes qui passèrent sur ce même sol et le protégèrent par leur gloire? Oh! qu'il serait beau d'enseigner au peuple à aimer, à bénir, à honorer les ancêtres? Le peuple de France vit dans une monarchie, et il n'a jamais été dressé qu'à haïr la monarchie. N'est-ce pas un crime atroce contre le peuple que de lui faire exécrer sa propre constitution de peuple, ses lois, sa vie en quelque sorte?

L'histoire est là qui proteste contre de tels enseignements donnés au peuple. L'histoire lui montre la monarchie comme sa gardienne et son amie. C'est par la monarchie que le peuple échappa aux tyrannies. La monarchie aimait à s'asseoir parmi les masses populaires, et il suffirait d'un livre très-élémentaire pour faire revivre cette alliance touchante d'affections et d'intérêts, que les erreurs modernes ont rompue, et que les temps doivent renouer.

Laissez-moi donc l'espérance de voir l'instruction du peuple s'affermir par ce double enseignement de la religion et de l'histoire. Ainsi renaîtra le bon sens populaire, cette forte sagesse née de l'expérience, devant laquelle fléchiraient toutes les passions.

Le reste de l'instruction du peuple se variera selon ses vocations. Mais ne pensez pas qu'il soit donné au peuple d'aller beaucoup au delà des notions premières qui servent d'élément mécanique aux études.

L'instruction du peuple est routinière. Elle se borne aux choses d'usage. La pure théorie le trompe. La démonstration même de la science déplaît à son esprit ; il va de prime abord aux pratiques et aux applications. C'est pourquoi peut-être , dans les temps moins philosophiques, l'art populaire a été si avancé et si merveilleux. L'ouvrier fait, par de simples calculs d'habitude ou d'instinct, des œuvres qui dépassent l'imagination du savant et de l'artiste.

C'est aussi pourquoi les écoles spéciales ouvertes au peuple pour certaines études, qui exigent principalement de la pratique, ne sont point arrivées, jusqu'ici, à des résultats heureux. Il y a une instruction qu'on appelle l'apprentissage ; c'est la plus simple et peut-être la plus savante.

Vous voyez qu'ainsi je reviens toujours à l'expérience que Bossuet appelle *la maitresse de la vie*. L'expérience est la grande loi de la science humaine , soit que la science se renferme dans les théories, soit qu'elle aille aux applications. Ceux qui ont voulu donner au peuple de l'instruction, seulement avec leurs idées propres, lui ont jeté des systèmes pour tout enseignement. Ce sont ces maîtres qui ont gâté le peuple. C'est leur instruction qui l'a perdu. Et puis, tout effrayés de leur œuvre, ils ont invoqué l'ignorance. Double extrémité, que nous fuirons en nous attachant à une instruction d'application, et à des principes d'une pratique simple et habituelle.

Toutes les sciences du peuple sont comme la religion ; elles vont à l'expérience. Pour le peuple, la morale n'est pas dans les spéculations de philosophie : elle est dans la vertu réelle, dans les devoirs et la charité. De même de l'instruction. Si l'instruction donne au peuple plus de facilité de suivre ses vocations de travail et d'activité, elle lui est bonne, elle lui adoucit la vie, elle lui rend ses jours plus calmes et ses travaux plus légers. Si elle le nourrit de chimère, si elle l'éloigne de ses goûts, si elle lui remplit la tête de pensées folles et vides, elle lui est un fléau, elle tourmente son foyer, elle assombrit son existence, et le frappe d'immobilité au milieu de sa carrière. Alors peut venir la statistique des crimes, selon la progression des *lumières*... Je dis des *lumières !* Mais ce ne sont pas là des lumières, ce sont des lueurs fatales jetées dans l'ombre des nuits.

Voyez donc, mon ami, combien tout ce qui se rapporte à l'*instruction* du peuple a d'importance et doit éveiller de sollicitude.

Aujourd'hui chacun s'occupe à tout hasard de ce grand objet. C'est comme une mode; et quelquefois c'est pis, c'est un trafic.

Je ne parle pas seulement des écoles que l'on fait au peuple et des maîtres qu'on lui façonne; je parle aussi des livres qu'on lui jette. Quels livres ! des livres sans pensée morale, des livres où toute la vie humaine est réduite à un calcul, des livres fabriqués par des charlatans d'éducation, des livres sans intelligence et même sans style, où il n'y a rien pour l'âme, rien pour l'esprit, rien pour les devoirs du foyer, rien pour Dieu, rien pour l'homme, rien pour la patrie. Ces livres sont partout. Sous prétexte de populariser quelques procédés applicables d'économie domestique, ils vont dessécher la pensée populaire, ils vont borner à un système d'épargne qui facilement pourra devenir de l'avidité, toute la prévoyance de l'a-

venir, toute la sagesse de la conduite, toute
la vertu de la famille. Ou bien ils vont donner un certain goût de connaissances super-
ficielles, qui tromperont le peuple sur la plupart des choses pratiques de la vie civile. Ils
vont transformer le hameau en bourg politique. Ils vont semer la controverse. Ils vont
troubler l'affection et l'harmonie. Ils vont
changer la simplicité rustique en pédante-
rie, ou bien enfin ils vont multiplier une certaine race d'hommes de proie, qui en chaque petite cité établissent leur domination
par la parole, font leur fortune de la ruine
des autres.

Ah ! fuyons cette instruction, c'est un fléau ;
fuyons ces livres, présent funeste. Que l'instruction du peuple n'altère ni sa simplicité, ni
ses vertus. Qu'elle lui soit seulement une con-
firmation de l'expérience, cette première instruction dont la tradition supplée à toutes les
autres.

V.

Méthodes d'instruction du peuple.

———

Mais les défauts de l'instruction du peuple ne tiennent-ils pas aux méthodes mêmes d'instruction? C'est une question qui mérite ici quelque examen.

Que de disputes nous avons vues déjà, mon ami, et que les disputes étaient vaines !

On ne disait pas bien nettement pourquoi on acceptait, pourquoi on repoussait certaines méthodes ; et réellement elles n'étaient qu'un objet secondaire de discussion. Mais c'était leur application ou leur direction qui déterminait les préférences. On prenait parti pour ou contre une méthode selon qu'elle était mise en pratique par une école ou par une autre. Les disputes manquaient donc de vérité.

Je reviens à dire que c'est l'homme qui rend les méthodes bonnes ou mauvaises.

C'est pourquoi nous avons vu en France le clergé se prononcer contre un genre d'enseignement populaire, importé d'Angleterre, non point à cause de la méthode en elle-même, mais à cause des maîtres qui semblaient se l'attribuer comme un monopole.

Le clergé, par suite de cette opposition, a subi bien des attaques et bien des calomnies. — Le clergé voulait l'ignorance du peuple ! le clergé était l'ennemi des lumières ! le clergé enveloppait la France de nuages et de ténèbres ! — que n'a-t-on pas dit ?

C'était au nom de la philosophie que l'on parlait de la sorte. Quelle philosophie, bon Dieu ! une philosophie qui ne savait pas que, s'il y a des lumières en Europe, c'est le clergé qui les a faites ; que s'il y a une civilisation, s'il y a une philosophie en France, c'est l'E glise, par ses universités et par ses écoles, qui l'a tout au moins préparée ; que s'il y a un peuple instruit en quelque lieu du monde, c'est le christianisme qui est son maître.

Mais le clergé n'acceptait pas une méthode qui paraissait vouloir s'imposer avec ses hommes tout dressés, pour la mettre en pratique.

Qu'étaient-ce que ces hommes? étaient-ils les amis du peuple? étaient-ils ses vrais conseillers? devaient-ils lui être des exemples vivants de vertu et de piété? Le clergé ne le pensait pas, et il les repoussait en les désignant par le nom de leur méthode, comme ils se désignaient eux-mêmes, ne suspectant pas leur méthode apparemment, mais suspectant l'usage qui en était fait. Le clergé avait raison, et vous faisiez alors, pasteurs du peuple, votre grand et saint office de gardiens de la morale. La force pouvait vous vaincre et votre voix pouvait

n'être pas entendue ; mais vous aviez à
paraître en tête de vos troupeaux, et vous
aviez, et vous avez encore, et vous aurez
toujours le droit de montrer le péril où les
précipitent de mauvais guides.

Rarement les méthodes d'instruction populaire ont été en elles-mêmes un objet
d'examen. Les adversaires du clergé allaient
au rebours du clergé. Parce que le clergé se
défiait des maîtres nouveaux, ses adversaires
les acceptaient et les prônaient à outrance.
C'était de l'aversion, ce n'était pas de la controverse.

Il semble que le délire est devenu moins
ardent, ou du moins il se déguise avec plus
de dextérité. Aussi bien on a vu le clergé de
France se multiplier pour former des écoles
au peuple ; et les accusations d'ignorance seraient aujourd'hui tout simplement idiotes.
Et puis beaucoup de rôles sont changés.
Tel qui s'écriait avec colère que le peuple
n'était pas assez instruit, s'en va disant avec
des larmes qu'il est trop instruit. Hélas ! ce
qu'il faudrait dire peut-être, c'est qu'il est
mal instruit. Mais ce serait s'accuser soi-

même ; on trouve plus aisé de se contredire.

Laissons les souvenirs de dispute, mon ami ; revenons aux méthodes. Les méthodes sont bonnes quand elles vont à leur effet naturel, avec simplicité, avec rapidité, avec utilité. Il ne suffit pas qu'elles soient ingénieuses, il faut qu'elles soient d'une pratique facile et efficace.

Le peuple a peu de temps à donner à l'instruction, et je trouve naturel qu'on lui épargne ses moments, qui sont précieux. Mais la précipitation a du péril, en ce que le peuple reviendra peu par la méditation sur les choses qu'il aura apprises, et que si elles ont été déposées en toute hâte dans son esprit, elles seront par cela même plus exposées à s'y effacer.

Je pense qu'il y a des méthodes qui sont à proprement parler populaires, c'est-à-dire, conformes à la nature un peu routinière du peuple. Ce sont les méthodes communes ou simultanées. Ces méthodes ont une singulière puissance d'entraînement. Elles mettent tout à l'unisson, elles contraignent en quelque sorte les intelligences tardives à marcher d'ensemble avec les plus promptes, sans ôter à celles-ci leur liberté propre et leur énergie particulière. Dans ces méthodes il y a un double empire, celui du raisonnement et celui de l'imitation. Ce sont celles qui conviennent le plus à l'instruction du peuple par cela même.

L'enfant du peuple, à qui le contact des intelligences cultivées a manqué dans ses premiers ans, a reçu de cet isolement une rudesse qui le rend rebelle à l'enseignement privé. Il faut un grand effort d'esprit, une grande finesse d'observation et une extrême minutie d'enseignement, pour faire pénétrer dans cette tête endurcie des idées pratiques.

Il n'y a pas jusqu'à son corps raide et tout d'une pièce qui ne fasse obstacle à un tel travail. Mais que cet enfant soit jeté dans une masse d'enfants incultes comme lui, il suffira que quelques-uns soient d'une nature plus hâtive et plus heureuse pour que tout suive l'impulsion.

Ceci s'applique à tout, à la lecture, et à l'écriture même, qui est une imitation des signes connus par la lecture, au dessin, qui est une autre sorte d'écriture ou d'imitation ; à l'arithmétique, à toutes les études de raisonnement où la mémoire entre pour beaucoup, comme une sorte de routine. Par les méthodes communes les forts redressent les faibles, les habiles corrigent les ignorants, et toute la masse est emportée par l'intelligence, qui est toujours le propre du petit nombre.

J'ai vu l'admirable école de chant de Choron gouvernée par ce principe. C'était une école populaire dans toute l'extension du mot. Long temps le célèbre maître avait parcouru l'Allemagne et le midi de la France pour aller recueillir des disciples qui, par de naturelles dispositions, semblassent annoncer de grands succès à venir. A la fin il soupçonna qu'il pouvait mieux faire sans aller si loin. Il finit par ramasser, comme au hasard, ses enfants dans les rues de Paris. Au bout de quinze jours il jetait ces pauvres petits enfants au milieu de ses masses de chœurs, et ils donnaient leurs voix très-nettement, chantant les fugues harmoniques de Hœndel, ou les mélodies savantes de Marcello, ni plus

ni moins que s'ils avaient été dressés longuement au solfége, et beaucoup plus librement
sans nul doute. L'intelligence générale de
l'école les emportait et leur tenait lieu d'é-
tude. C'était comme un instinct; le génie venait ensuite.

Je ne choisis pas cet exemple sans dessein.
C'est quelque chose, croyez-le, que de faire
chanter le peuple. Ah! mon ami, si le peuple
chantait et s'il chantait comme Choron le
faisait chanter, gravement et saintement, ce
serait une grande partie de l'éducation et de
l'instruction tout à la fois.

Le chant qui convient au peuple est le chant
simultané. Dès que son chant est isolé, il est
barbare. Mais la grande voix du peuple, cette
voix d'ensemble est sublime; elle fait trem-
bler la terre et elle perce le ciel. Ecoutez-là
dans le temple! Pour peu qu'il y ait d'unité
dans le chant, l'Harmonie se fait d'elle-même.
Elle éclate en torrent, elle inonde l'âme; elle
vous arrache des pleurs, et plus vous avez le
sentiment de l'art musical, plus cette simplicité naturelle vous saisit et vous transporte.

Toute l'instruction du peuple a besoin

d'avoir ce caractère. Tout doit se faire pour lui par des méthodes d'ensemble. Autrement qui est-ce qui prendra à part ces esprits durs et rebelles? qui est-ce qui les dressera? qui est-ce qui les vaincra? Le temps manque à une telle œuvre, et non-seulement le temps, mais la puissance même.

L'erreur des maîtres du peuple a été d'imaginer qu'il suffisait de dresser les corps, de faire de l'instruction un mécanisme. L'exercice de l'esprit n'est pas soumis à des mouvements réguliers comme un exercice de gymnastique. Si le peuple veut aller se former aux habiletés du manége et aux souplesses de la lutte ou de la course, il faudra sans doute qu'il se plie aux lois qui sont propres à cette discipline du corps, et je sais que cette sorte d'éducation extérieure ne lui sera pas sans utilité. Mais s'il passe ensuite de la gymnastique à l'étude, qui est l'exercice de l'âme, je suppose qu'il n'aura nul besoin de conserver cette exactitude régulière de mouvements. Il ne s'agit pas de lire ou d'écrire en quatre temps. Cela est risible ! L'homme ne pense pas sur la 2e ou la 3e position. Les

maîtres du peuple se sont moqués du peuple, quand ils l'ont appelé à l'école pour y
faire des évolutions. Il ne fallait pas aller à
l'école pour cela, mais au gymnase.

C'est que le matérialisme reparaissait sous
ce déguisement dans l'instruction du peuple.
On dressait le peuple, on ne le formait pas.
Mon ami, souvenons-nous que l'instruction
s'adresse à l'intelligence. Nous ne voulons pas
enrégimenter le peuple, nous voulons l'éclairer. La gymnastique est bonne aux usages
du corps, mais elle n'est pas applicable aux
exercices de l'esprit. C'est mépriser le peuple
que de le croire propre seulement à une
instruction de pur mécanisme. Parlons à sa
raison, à sa pensée. C'est là que nous pro-
duirons une belle harmonie, et au lieu de le
dresser simplement à la régularité des habitudes du corps, nous l'aurons formé à l'ensemble des vertus de l'âme ; et cette grande
instruction achevée deviendra à son tour un
enseignement qui se transmettra par l'exemple, cette naturelle et puissante méthode qui
domine toutes les autres.

Toutefois ne soyons pas exclusifs dans le

choix des méthodes, ce serait manquer de sagesse. Telle méthode imparfaite est complétée par l'habileté du maître. Demandons seulement que chaque méthode soit animée par une pensée morale de perfection.

Il est ridicule de faire des méthodes d'enseignement populaire un objet de discussion. Si nous sommes les amis du peuple, cherchons ce qui peut lui épargner des peines et lui rendre l'instruction facile, mais aussi cherchons à connaître quels sont les maîtres qui répondent le mieux à ses besoins, et quand nous les aurons connus, n'ayons pas d'inquiétude de leurs méthodes : si elles sont vieilles, leur zèle les rajeunira ; si elles sont nouvelles, il les perfectionnera ; si elles sont fausses, il les redressera. La meilleure méthode est celle qui est employée par des maîtres intelligents et vertueux, la plus mauvaise est celle qui est au service des corrupteurs.

VI.

Le frère ignorantin.

————

Mais puisque, en définitive, il faut de bons
maîtres pour instruire le peuple, où trouver
ces maîtres? L'éducation du peuple sera-t-
elle un métier? Ce grand office d'enseigner
au peuple les vertus qui lui sont toujours nécessaires et les éléments de science qui peuvent lui être applicables, sera-t-il un objet
de trafic? Ah! mon ami, voici venir les diffi-

cultés de nos théories. C'est très-bien de dire
en nos livres qu'il faut éclairer le peuple , et
plutôt encore qu'il faut le former aux vertus.
Mais avons-nous sous la main les instituteurs
qui seront propres pour cette œuvre sainte ?
Et ces instituteurs, qui les soutiendra, qui les
encouragera, qui les payera de leurs sacrifi-
ces ? Je dis *qui les payera*, non point avec de
l'or, non pas même avec de la gloire, mais
avec de l'estime, avec de la gratitude et de
l'amour. Que faisons-nous donc ? Voici que ,
pour élever le peuple, nous allons avoir besoin de maîtres pleins d'abnégation et de
courage, de maîtres modestes et résignés à
l'oubli des honneurs, et cependant des maîtres
instruits et intelligents, édifiants et habiles,
mais dont les exemples soient humbles et
cachés, dont l'aptitude soit ignorée, dont les
services soient méconnus, et au besoin insul-
tés. Est-ce donc qu'il se trouvera sur terre
des âmes capables d'un tel héroïsme ? Oui ,
c'est ici qu'apparaissent les difficultés de nos
théories, et peu s'en faut que je n'aie la
hardiesse de dire que Dieu seul pourra les
résoudre.

Et Dieu seul en effet pourra servir d'inspiration à cette œuvre de dévouement et de
sacrifice. C'est lui qui nous fera trouver les
maîtres du peuple, c'est lui qui les fortifiera,
c'est lui qui leur donnera tout ce qu'il leur
faut de bonté et de courage; c'est lui aussi
qui aura pour eux des récompenses comme
il en faut à de tels travaux. Si Dieu n'était là,
mon ami, pour nous aider en nos recherches,
elles seraient vaines. Nous pouvons, avec de
la gloire, avec de l'or, avec les simples goûts
de l'esprit, former des maîtres pour l'enseignement des études qui servent d'ornement
aux classes fortunées; nous sommes hors
d'état de former des instituteurs pour l'enseignement des vertus qui servent de consolation aux classes souffrantes. Nous pourrions
former peut-être des mercenaires de dernier
ordre pour apprendre à lire au peuple; mais
ces mercenaires que nous donnerions au
peuple, toucheraient-ils volontiers sa misère?
s'entoureraient-ils avec délice de sa pauvreté
rude, sauvage, hébétée? Ah! la cupidité se
plie à tout, je le sais; mais elle ne se plie pas
à l'abnégation et à l'amour.

Revenons donc à Dieu ; c'est lui qui fait les maîtres du peuple.

Mon ami, nous avons sous les yeux des instituteurs ainsi formés par le peuple, des instituteurs humbles et cachés, admirables missionnaires de la science populaire, aux pieds desquels nous devrions jeter notre plume, pauvres sermoneurs que nous sommes : car nous disons ce qui est utile, et ils le font, et ils le font par l'impulsion de leur âme et par l'instinct de leur vocation. Si donc le peuple a de tels maîtres, qu'a-t-il besoin de nos livres ?

Hélas ! le peuple ignore quelquefois la richesse que Dieu lui fait, et nos livres doivent lui apprendre à en jouir.

Le peuple ne sait pas ce qu'il y a de bienfaits et de tendres sympathies sous une robe de *frère ignorantin*, il faut le lui dire : Voilà notre office.

Le *frère ignorantin* ! ce nom me touche l'âme ; c'est un nom d'humilité, qui révèle je ne sais quoi de grand et de courageux dans celui qui l'accepte. Car ici tout est sérieux. Le bon frère du peuple ne se déclare pas *ignorantin* pour affecter de la modestie et pour déguiser mieux le pédantisme. Il fait profession bien réelle d'ignorance, tout en se livrant avec ardeur à l'étude des choses qui conviennent à sa mission. Ah! savants d'académie, venez à moi! N'est-il pas vrai que la science dont vous êtes fiers est aussi le plus souvent une ignorance? Plus vous savez, plus vous voyez ce qui vous reste à savoir. La science est comme un abîme où l'homme se perd. Cependant vous ne vous sentez pas le courage de vous humilier dans l'étude que vous faites du monde, de la nature, de l'humanité. Vous sentez l'ignorance où vous êtes de mille secrets que vous poursuivez à outrance, et la vie vous échappe avant que vous ayez pu les saisir. Mais parce que vous savez votre ignorance, cela même fait votre science; et on vous appelle savants parce que vous vous épuisez d'efforts à le devenir.

Ah! la profession de l'ignorance est quelque chose de hautemeut philosophique, et c'est à la science principalement qu'elle serait convenable, parce que la science connaît mieux l'immensité de ce qu'elle ignore.

6

Ce nom de *frère ignorantin*, qui fait souvent rire, mérite donc d'être entendu dans ce qu'il a de signification noble et touchante.

Le *frère ignorantin* n'est pas le frère ignorant ; c'est le frère qui sait assez pour savoir que la science humaine lui est un mystère. Admirable frère ! que de savants devraient l'imiter ! et qu'alors même ils commenceraient à devenir plus savants !

D'ailleurs le frère ignorantin a une mission précise qui l'oblige à monter à un certain degré de science, au delà duquel il cesserait d'être le maître du peuple.

Le frère ignorantin a en lui toute la science qu'il faut au peuple, avec l'humilité pour la lui rendre profitable dans l'application.

La science du peuple est si peu de chose , que si l'orgueil l'accompagnait , ce ne serait plus de la science , mais de l'idiotisme.

C'est pourquoi le frère ignorantin est le maître le plus vrai et le plus naturel du peuple, précisément à cause de cet enseignement de l'humilité, la plus belle parure de la science comme de la vertu.

Et puis le frère ignorantin n'est pas seulement le maître, il est le frère du peuple. Il a la simplicité du peuple, la bonté du peuple, les besoins du peuple, si ce n'est que la retraite a fortifié sa raison et nourri son intelligence, et que ses habitudes de piété lui ont donné une dignité qui perce au travers de sa robe noire et grossière.

Mais cette robe est de trop! disent quelques-uns. C'est ne rien savoir de l'humanité. Cette robe est la gardienne des vertus du bon frère. Par elle, il est doux, clément et modeste. S'il passe au travers des foules, dans nos cités bruyantes, sa robe le protège contre le scandale. Si elle lui attire quelques rires des philosophes de la rue, elle lui est une raison de plus d'humilité. S'il n'avait pas sa robe, il ne serait plus le frère ignorantin; il ne serait plus le frère du peuple ; il ne serait plus le frère de la charité et de la simplicité, il serait tout au plus un marchand d'éducation populaire, et je vous demande si la robe de moins lui donnerait la bonté de plus.

Là robe du frère ! mais c'est tout le frère. Allez donc voir, phiosophe, les cinq cents petits enfants qui se pressent à l'école autour de cette robe qui vous fait peur. On dirait une immense famille où règne l'amour. Le frère est l'ami des enfants parce qu'il a une robe ; ôtez la robe, les pauvres enfants ne diront plus : *Mon frère !* à celui qui les instruit. Ils n'auront plus qu'un maître ; toute l'autorité de l'école sera la peur.

Il y a dans le frère une image d'autorité bienveillante qui participe du sacerdoce; mais le frère sait pourtant à quelle distance il reste de ce grand ministère. Tout le ramène à la modestie, et tout l'élève à la dignité. C'est un admirable assemblage d'humilité et de grandeur. Le frère a sur le front et sur la robe un reflet de la pensée chrétienne qui inspira l'institution populaire dont il est membre. Il est grand et il est petit ; grand pour les autres, petit pour lui-même ; c'est un abrégé du prêtre, mais il n'est pas prêtre. C'est un apôtre, mais il est l'apôtre des petits enfants. Il enseigne, mais en s'abaissant. Sa science est cachée. Il ne montre que ce qu'il a de plus humble. Il se pourrait faire qu'il eût du génie ; alors il faut qu'il l'ignore lui-même. Il n'y a qu'un génie qui lui soit permis, c'est celui du dévouement et du silence. Il ne doit au monde que de saints exemples, et le plus saint de tous, l'abnégation et la modestie. Voilà le frère ignorantin! le maître du peuple!

Aussi j'ai depuis longtemps dans le cœur une parole admirable, que j'ai entendue de la bouche d'un prêtre catholique, et qui semble être une parole de saint.

« Si je n'étais prêtre, je voudrais être frère ignorantin ! » Cette parole retentit encore a mon oreille. Elle me fut dite, il y a vingt ans, par un homme qui ne me la dirait plus, hélas ! cet homme, c'est l'abbé de La Mennais. C'était la première fois que je le voyais et que je l'entendais; il venait alors de publier son premier volume de l'*Indifférence*. J'étais bien jeune alors, et mon admiration bien tendre et bien naïve. Le grand écrivain m'avait saisi par son génie; l'humble prêtre me saisissait par cette effusion de charité. Quel chemin avons-nous fait, mon Dieu !

Oui, mon ami, comme Dieu fait le prêtre il fait le frère ignorantin. A chacun il donne cette vocation de la charité et du sacrifice, qui fait de tous deux les hommes du peuple, si ce n'est que l'un est le docteur véritable qui enseigne la parole de l'intelligence, et que l'autre est le pauvre maître qui la fait épeler aux petits enfants. Mais le frère ignorantin est l'auxiliaire du prêtre. Il dispose le peuple à comprendre les enseignements que le prêtre lui donnera, et d'avance il est la voix du prêtre ; il est son envoyé, et je dirai presque son précurseur.

Ah ! vous tous qui aimez le peuple, aimez donc le frère igorantin, son premier maître et son premier ami. Protégez le frère du peuple ; sauvez-le du mépris des hommes ; fortifiez-le dans sa carrière d'abnégation et d'humilité. Ce n'est pas lui qui a le plus besoin de notre jus-tice, c'est nous-mêmes. Et pour lui, vous le voyez, il traverse en silence les temps mauvais, il ne prend garde ni aux révolutions d'empire, ni aux méchancetés humaines. Si on le persé-cute, au nom du peuple, il redouble d'amour pour le peuple. Ceux qui le maudissent, il les

instruit. Si on parle de son ignorance, il répond par un enseignement supérieur à tout
l'art des savants. Si on l'accuse d'être routi-
nier, il répond par des méthodes ingénieuses. Et puis il montre ses disciples. Le voilà
qui marche, suivi d'une armée de peuple.
Partout où il paraît, la multitude accourt.
C'est l'image la plus vraie de la popularité.
Autour de sa robe noire, l'homme se fait éco-
lier ; l'ouvrier se délasse des travaux du jour.
On lui dispute les petits enfants ! il ouvre des
écoles aux adultes ; et dans ces écoles vous le
voyez enseigner et commander avec cette sérénité de la confiance qui est plus que du génie, qui est de la foi. Et en effet, tout lui
obéit. Le premier jour il se trouve des esprits
forts qui vont rire, quand le bon frère commence sa leçon par la prière ou par un canti-
que ; le second jour les esprits forts seront à
genoux, et ils seront tout étonnés d'avoir re-
trouvé Dieu dans leur âme. Oh ! aimez le frère
ignorantin ! vous tous qui sentez le besoin de
voir le peuple renaître au christianisme, à
ses lumières et à ses vertus. Aimez le frère
ignorantin ! il est le premier gardien du peu-

ple ; il est son premier guide. Et c'est lui, croyez-le, qui lui jette dans le cœur ce premier germe de bonté et de vertu qui lui sera une force dans la vie et le protégera et l'affermira contre les douleurs.

VII.

La sœur de charité, institutrice du peuple.

———

De l'école du frère ignorantin mon regard
se porte sur l'école de la Sœur de Charité.
Mon ami, quelle suite d'exemples et de leçons ! quelles images de sainteté et de vertus !
quel enseignement pour le peuple !

J'ai déjà parlé ailleurs de la mission de la
femme dans l'éducation. Mais ici tout un sujet nouveau viendrait s'offrir ; car il s'agit de

l'éducation du peuple et aussi de la femme du peuple. Sujet immense que je dois toucher seulement en quelques mots.

Si la femme du peuple est formée aux vertus de la famille, croyez au bonheur du peuple.

C'est dans la famille que la femme trouve la liberté et l'autorité de son saint office. Par son exemple de chasteté, de piété, de charité, elle domine la famille tout entière, et même le maître de la famille, eût-il des passions fougueuses et indomptées. Que la femme donc soit élevée saintement, et vous aurez par elle une action merveilleuse sur le peuple. La femme est l'instrument le plus admirable des grandes réformes de la société. C'est pourquoi sans doute le christianisme s'entoura dès le berceau du secours des femmes. Vous voyez des saintes femmes mêlées au drame touchant de la croix ; et puis vous les retrouvez dans le travail assidu de l'apostolat.

C'est là un touchant souvenir, il nous doit être un objet d'attention. L'Evangile ne faisait pas sortir la femme de son ministère modeste apparemment ; mais il montrait ce qu'elle a de grand et de puissant par le seul exemple des vertus, cette prédication vivante, cette parole éloquente qui pénètre les âmes et rompt tous les obstacles.

Et puis c'est une leçon d'humilité pour l'homme, que cette intervention de la faiblesse dans les grands travaux des révolutions morales qui traversent la vie des sociétés. Tout semble faire de la femme l'être de l'obéissance ; et il se trouve que Dieu quelquefois en fait l'instrument de la domination ; là où la force de l'homme serait brisée, la faiblesse de la femme est invincible. L'homme va à l'empire par la pensée, la femme y va par l'amour ; c'est l'amour qui est la principale force de l'Evangile.

Ainsi donc, mon ami, si nous cherchons à faire des réformes dans le peuple, allons à la femme ; c'est la femme qui sera l'instrument du bien. Or le plus admirable instrument de l'éducation du peuple, c'est une femme, c'est la *sœur de charité*, modèle vivant des vertus qu'il faut à la terre, de la piété, surtout, de la bonté et de la pudeur.

La sœur de charité recueille à son école ces innombrables .petites filles du peuple, à qui manquerait sans elle toute éducation. C'est elle qui leur fait l'aumône de l'enseignement, cette aumône, la plus touchante de toutes, celle qui descend au fond de l'âme et la nourrit par des exemples et des leçons; et que deviendraient, sans la sœur de charité, ces pauvres créatures délaissées, surtout dans les grandes cités, où la corruption se hâte, où le vice est prompt à saisir sa proie?

La sœur de charité est la première gardienne de l'innocence du peuple. Par ces petites filles qu'elle instruit, la sœur de charité a de l'autorité jusque sur les parents mêmes. Sa parole va retentir au foyer de chaque famille; elle y va réveiller de bonnes et saintes pensées ; elle y va surprendre quelquefois de mauvais penchants et déconcerter de mauvais exemples. La sœur de charité est un ange qui, absent, se rend visible encore. Que de fois le père a laissé tomber sa passion toute désarmée aux pieds de l'enfant innocent qui lui revient de l'école avec une grâce de plus ! Que de fois aussi la mère s'est sentie tressaillir de remords dans ses habitudes vicieuses, à l'aspect de sa petite fille arrivant toute joyeuse avec une sainte image que sa conduite lui a méritée ! Et puis ce sont de bonnes paroles qu'on répète, des projets formés, des désirs pieux, une pensée de première communion ; et tout cela avec une effusion de l'innocence, avec l'élan d'un apostolat naïf qui fait des conquêtes sans y songer. Les enfants ! ah ! ils ont sur le cœur des parents une puissance toute sainte et toute mystérieuse. C'est par une petite fille que se refait souvent la paix du foyer. Ses pleurs ont de l'autorité, et sa vertu en a plus encore. La sœur de charité règne donc par ses jeunes disciples dans les familles du peuple. Et ainsi elle a sa part touchante dans le grand office d'enseignement qui a pour objet de réformer les mœurs et de guérir les plaies de la société.

Ah ! voici une admirable distribution de soins et de travaux, que la Religion a faite à la sœur de charité.

D'un côté voyez la sainte femme au chevet des malades et des mourants. Voyez comme là, avec sa douce parole, elle charme les douleurs humaines ; elle ne saurait les guérir toujours, mais toujours elle les console. La sœur de charité a une étonnante mission parmi les hommes. Elle ouvre son sein à tout ce qui souffre. Elle ne sait d'où vient la souffrance, si c'est du vice, si c'est de la vertu ; mais elle voit des larmes, et elle les recueille. Peu s'en faut que le crime lui-même ne provoque davantage sa pitié. Elle soupçonne que le plus malheureux est celui qui a le plus besoin de clémence. Elle embrasse tout ce qui se rencontre de misères, les haillons, la nudité, l'abjection même ; nulle image hideuse ne l'effraye. Elle aime le spectacle des infirmités, elle se mêle aux tristesses de la vie humaine avec délice.

Etonnante mission que celle d'une femme qui remplit ses jours à consoler les douleurs des autres ! car pour elle, elle s'oublie. Ses propres douleurs l'effleurent. On dirait un ange envoyé aux hommes pour leur faire aimer la souffrance.

Mais ce n'est pas tout l'office de la sœur de charité. D'un autre côté, vous la voyez appliquée à une œuvre de bienveillance et d'a-

mour, qui va à des misères d'une autre sorte.
L'enseignement du peuple est aussi une mission de consolation. La sœur de charité a des
soins à verser sur les maux de l'âme comme
sur les maux du corps. Elle recueille les pauvres petites intelligences abandonnées, comme elle réchauffe les pauvres petits enfants
délaissés. Elle embrasse ces jeunes âmes
souffrantes et malheureuses, et elle leur
verse le baume de la piété chrétienne. Ainsi
elle étend et agrandit merveilleusement ce
saint office de consolation, pour lequel Dieu
l'a faite et sacrée en quelque sorte. Femme admirable ! de qui j'oserais dire qu'elle *est bénie entre les femmes*, si cette parole n'était
réservée pour la seule femme à qui il ait été
donné non-seulement de soulager, mais de
guérir toutes les douleurs.

VIII.

Le maître d'école.

———

Voici un contraste. Je ne le cherche pas ;
il arrive de lui-même.

Il faut bien, mon ami, que je parle du maître d'école, de ce maître du peuple qui a une
physionomie propre, et qui a son importance
dans l'éducation.

Le maître d'école, dans les vieilles mœurs
de notre pays de France, était l'auxiliaire du

curé; l'école était attenante au presbytère. C'est pourquoi le maître d'école, primitivement institué par l'Eglise, avait toutes les allures ecclésiastiques. Il était chantre au lutrin; il était maître de chapelle; il était sacristain; il cumulait beaucoup d'emplois. Il réglait les cérémonies à l'autel; il dirigeait tout le monde, et quelquefois il reprenait M. le curé. Par suite, le maître d'école était un peu pédant, il parlait avec prétention; sa démarche avait quelque chose de fier. Il avait l'habitude du commandement, et il commandait toujours, et on trouvait cela tout naturel. Le maître d'école était une grande autorité. Il décidait toutes les questions savantes du lieu; il touchait quelquefois à des controverses élevées : cela n'avait pas de péril. Les choses après tout restaient à leur place; la parole du prône venait à son tour redresser les idées inexactes et suppléer aux idées incomplètes. Le maître d'école savait fort bien à qui était le droit d'enseigner et de décider. Seulement il soupçonnait qu'une part de ce droit lui revenait, parce qu'il avait entrée à la sacristie, qu'il avait les petites confidences du presbytère, et que le curé lui laissait le premier soin du catéchisme. Tout cela se passait avec simplicité et avec candeur, et la morgue du maître d'école n'était qu'une naïveté quelquefois sérieuse, et toujours sans conséquence.

Tel était le maître d'école en ses beaux jours. Le maître d'école est bien changé !

D'abord l'école ne touche plus à l'église, et par suite le maître d'école n'est plus au lutrin.

Le maître d'école ne connaît pas M. le curé. M le curé est un *fonctionnaire*, et lui aussi est un *fonctionnaire,* et, de plus, il est membre de l'Université, et il a un diplôme ; voyez donc !

Le maître d'école, tel que quelques-uns l'ont voulu faire, n'a ni plus ni moins de pédantisme qu'autrefois ; mais son pédantisme a changé de nature : il était naïf, il est devenu hautain. Sa gravité est de l'insolence, sa prétention est de l'insulte. Il était fier, il est méprisant. Il décide avec moquerie ; il reprend avec un rire de pitié. Il rit surtout du prône, quand il va au prône. Il parle de M.

le curé avec ironie. M. le curé est un esprit étroit ; M. le curé ne sait rien du temps présent ; M. le curé est en arrière du siècle. Le maître d'école, lui, est philosophe, c'est un esprit fort. Il lit Rousseau, et il va au cabaret.

C'est là le maître d'école, accommodé aux opinions de quelques-uns. Quelquefois on a voulu tempérer cette nature un peu âpre du maître d'école. On soupçonnait qu'il n'avait pas beaucoup de leçons utiles à donner au peuple.

Après tout, il faut une religion au peuple ! c'est ce qu'on a bien voulu reconnaître. Le maître d'école ne doit donc pas être tout à fait philosophe. En conséquence, on a dit au maître d'école d'avoir un peu de religion, sinon pour lui, du moins pour le peuple. Le maître d'école n'a pas mieux demandé. Il a pris autant de religion qu'on a voulu. Il a salué M. le curé : c'est une condition de son diplôme. Il a fait lire l'Evangile aux petits enfants : l'Evangile n'avait pas de danger ! Mais l'école est restée dans son isolement du presbytère, et même pour établir davantage la sé-

paration, on l'a mise à la mairie. Seulement
on a dit à M. le curé que s'il lui plaisait d'aller à l'école, il y serait reçu avec déférence,
les élèves debout et en silence ; et même qu'il
aurait le privilége de demander un congé
pour eux.

Admirable retour au christianisme ! Mais
le maître d'école, dans l'une ou l'autre de
ces modifications, ne reste pas un moins funeste instrument de l'éducation du peuple.
On a fait du maître d'école une autorité sérieuse, distincte de toute autorité morale, et
seulement soumise à une autorité politique.
Qu'a-t-on fait, mon Dieu? on a ôté au peuple
un gardien de plus de ses bonnes mœurs : car
le maître d'école, appuyé au curé, pouvait
bien être quelque peu plaisant par sa gravité,
mais il était d'abord édifiant par ses habitudes de presbytère. Tout faisait une obligation au maître d'école chrétien de conformer
ses actions à son enseignement comme à celui du curé. Sa vie se passait à découvert,
parmi les familles du village, comme une vie
tout ecclésiastique. Il n'était pas maître seulement à l'école, et seulement là obligé à

des exemples d'honnêteté et de vertu, il était maître encore hors de l'école, et si ses manières en devenaient quelque peu pédantes, ses exemples n'en étaient que plus honorés.

Le maître d'école, fonctionnaire public, au contraire, qu'il soit philosophe, ou qu'il ne le soit pas, ou qu'il ne le soit guère, n'a que des exemples et des vertus de convention. L'école est un lieu qu'il respectera peut-être ; car il y a là de petits enfants qui ont été remis à sa probité ; mais, hors de l'école, sa vie reprend sa liberté, et je vous demande, mon ami, quel usage il en pourra faire, lui qui a beaucoup de loisirs et peu de moyens d'intelligence pour les remplir. Ah ! vous le savez, le maître d'école, cette autorité ainsi faite en dehors de toutes les autres, ne servira qu'à les briser toutes. Voilà le maître d'école qui se fait orateur ; il dogmatise la foule ; il enseigne l'indépendance, chose facile ! Ce n'est pas un maître d'école, c'est un maître de club.

Hélas ! hélas ! on dit souvent qu'il y a assez de révolutions comme cela, et on perpétue à

plaisir les moyens de révolutions. Savez-vous
le secret d'empêcher les révolutions ? c'est
de donner au peuple des maîtres qui le ren-
dent bon et lui fassent supporter sa condition de peuple ; c'est là un grand art : c'est
celui des maîtres formés à l'esprit de la religion.

Mon ami, je trouve que tout se corrompt
par l'orgueil. Le maître d'école est devenu un
membre de l'Etat, et il sert contre l'Etat. Cela
doit être. On a rendu le maître d'école indépendant ; lui a-t-on donné ce qu'il fallait de
vertu pour faire un saint usage de l'indépendance ?

Le maître d'école servait l'Etat lorsque sa
condition était humble et populaire. Il n'y
avait pas jusqu'au mode de rétribution de ses
travaux, qui lui devenait une condition nouvelle de bons exemples. Le villageois et
l'homme des champs lui donnaient une part
du produit de leurs sueurs, comme il donnait
ses soins à leurs petits enfants ; ce n'était
qu'un échange en quelque sorte, et ainsi tout
devenait un témoignage mutuel d'affection
et d'estime. Alors le maître d'école était

l'homme des familles. Ce n'était pas un grand personnage, un homme d'Etat qui correspond avec un ministre, à Paris! c'était un homme modeste, le serviteur des autres, comme il arrive de tous ceux qui enseignent dans l'admirable économie du christianisme. Ses ridicules tenaient à ses habitudes. On pouvait les lui pardonner, car ils ne gâtaient pas ses vertus.

Oh! qui nous rendra le maître d'école, le maître d'école villageois, l'auxiliaire du curé, le confident de la sacristie, l'ami véritable des petits enfants, le chantre du lutrin, le docteur des familles vertueuses, tradition vivante des bons exemples et des bons souvenirs (1)? Ce type est perdu parmi nous. On

(1) Un bon prêtre, l'abbé Jean de Lamennais, a fait d'admirables efforts pour réaliser ce vœu. Il l'a même dépassé; car il a fait du maître d'école un religieux, un autre frère, digne d'être comparé aux frères de la doctrine chrétienne. Il reste un autre vœu à faire, c'est que les communes et les paroisses sentent le prix de ce bienfait. Que de conversions à faire avant d'arriver à instituer un maître d'école!

Et voici que d'autres bons prêtres, du Mans, font aussi un effort pour multiplier les maîtres du peuple. Ces bons prêtres ne se nomment pas; ils ne veulent laisser connaître que le bien qu'ils font. O saints prêtres! soyez bénis!

dirait que nous avons juré de bannir tout ce qui ressemble à des images de simplicité. Nous y avons gagné peu de lumières, mon ami, et nous y avons perdu beaucoup de bonheur.

IX.

De l'administration officielle de l'éducation.

De quoi nous plaignons-nous ? N'avons-nous pas l'administration publique de l'Etat pour régir l'éducation ?

C'est là toute notre espérance, mon ami !

Hélas ! je voudrais, causant avec vous et épanchant librement mes pensées, loin, très-loin des préoccupations vulgaires de la politique, n'être pas rejeté malgré moi dans les

choses qui agacent les passions et excitent
la colère. Que ferai-je? Il faut bien dire
pourtant l'erreur des hommes, si nous voulons les corriger.

L'administration officielle de l'éducation,
c'est précisément ce qui me fait peur.

Je comprends l'intervention de l'Etat en ce
qui regarde l'enseignement technique, et
encore un certain enseignement qui se rapporte à des carrières qui rentrent sous la discipline de l'autorité publique. Oui, j'entends
cela, quoiqu'il soit fort aisé d'en faire un
abus!

Mais l'éducation! mon ami, l'éducation du
peuple! y pense-t-on? est-ce qu'on admi-
nistre l'éducation? L'éducation, une chose
toute morale, l'art de former l'homme dans
ce qu'il a de plus insaisissable, l'*institution*
(c'est toujours le mot emprunté par Mon-
taigne à la langue de Cicéron), l'institution
de l'âme, du caractère, de la croyance, des
habitudes, des mœurs, de la vie intime et in-
telligente, est-ce que c'est là un office de
l'administration des Etats? Il faut que tout le
bon sens se soit retiré d'un peuple pour qu'il

consente à voir l'éducation dans une organisation officielle des écoles. L'instruction, la science, les académies, les chaires publiques, tout cela n'est pas l'éducation. Encore moins l'éducation est-elle dans la gestion de ce qu'on appelle le *matériel* et le *personnel* de l'enseignement. Hélas ! que de temps il nous faudra pour ramener les idées simples !

Mon ami, voici une étrange chose ! moins il y a d'éducation dans un pays, plus il y a de livres, de lois et de règlements sur l'éducation.

C'est la Convention qui, la première, s'est occupée de l'éducation du peuple. Et n'en doutons pas, son œuvre était sérieuse, et, ce qui est digne de remarque, c'est que la Convention elle-même, jusque dans ses extravagantes atrocités, se sentait plier sous l'autorité de certaines idées morales plus fortes que toutes les fureurs, plus vivaces que tous les crimes. La Convention voulait que le peuple eût une éducation morale. Par malheur elle se chargeait de la lui donner.

L'erreur était naïve peut-être ; mais c'est l'erreur qui s'est transmise à tous les pouvoirs politiques qui ont passé sur notre pauvre terre de France, une fois que le principe de l'éducation a été méconnu.

Vous comprenez, mon ami, qu'il ne s'agit point ici de comparaison odieuse. La Convention a gardé sa physionomie caractéristique à part, entre tous les pouvoirs humains. Mais, en matière d'éducation, quiconque voudra déplacer l'autorité naturelle que Dieu a créée parmi les hommes, et proprement attribuer à la politique un office qui appartient à la famille, c'est-à-dire remettre à la force le droit de gouverner l'intelligence, tombera, croyez-le bien, de près ou de loin, dans la théorie de la Convention.

Et aussi que voyez-vous dans l'immense code qui régit l'éducation en France? Un point de départ pris dans la Convention elle-même. Les hommes tressaillent au nom de ce pouvoir, dont l'ombre seul fait peur ; et cependant tous les pouvoirs qui sont venus ensuite ont pris quelque chose de ses systèmes, et surtout ce terrible droit de commander à l'éducation, et de la régler par le seul empire de la force.

Cela s'explique par la défiance que tous les pouvoirs ont eue du christianisme, cette grande et infaillible règle de l'éducation. Il semble que c'est sur ce point surtout que le génie de la politique purement humaine ou philosophique s'est appliqué à exercer sa domination, comme pour se montrer capable de suppléer la religion même. On eût dit une lutte de rivalité. Eh ! quoi, la politique ne fera-t-elle pas avec ses raffinements, ses perfections de commandement, ce que la religion chrétienne a pu faire avec sa seule puissance de conseil? La politique ne maitrisera-t-elle pas l'esprit du peuple? ne vaincra-t-elle pas ses penchants? ne dominera-t-elle pas ses erreurs? La politique a des ressources infinies ! Elle tient la société enlacée dans une administration savante dont tous les fils viennent à un centre. Tous ses mouvements sont calculés avec précision. Rien n'échappe à cette action suprême et continue. Quoi ! la politique ne sera pas maîtresse du peuple ! Elle a des lois, elle a des décrets, elle a des ordonnances, elle a des règlements de toute sorte, et puis elle a des instruments de do-

mination, des hommes souples, une autorité
active, une obéissance prompte ; et puis encore elle a des livres, et des livres imposés
par la force ; des livres qu'il faut lire et apprendre par cœur sous peine d'amende ; et
enfin elle a des écoles, et quand il n'y en aura
pas assez, elle en fera davantage. Elle fera
des maîtres ; elle fera l'enseignement ; on
n'apprendra au peuple que ce qu'elle ordon
nera ; elle mettra sa griffe sur les doctrines
humaines, et toute doctrine non marquée de
son cachet sera saisie et chassée des écoles.
Quoi ! la politique ne sera pas sûre de domi-
ner ainsi l'éducation? que faut-il de plus?

Ce qu'il faut de plus? Hélas ! peu de chose,
le droit de commander à l'intelligence.

Non, je ne puis croire que, même dans ses
égarements les plus furieux, la politique humaine ait pu vouloir jamais se proposer d'enseigner au peuple le vice et la corruption.
Dieu ne permet pas que la méchanceté même
aille à cet excès. Quant aux pouvoirs, ils ne
demanderaient pas mieux que de rendre le
peuple bon, et surtout de le rendre soumis ;
aussi tous ont prêché la morale au peuple.

C'était un grand hommage rendu à l'éternel principe qui fait l'ordre des sociétés.

Mais on ne fait pas accepter la morale au peuple seulement avec des lois de police; la morale! quoi! la soumission de la volonté à des devoirs austères! quoi! l'abnégation et le sacrifice! quoi! la bienveillance et l'équité! quoi! le dévouement et l'oubli de soi! quoi! la répression des penchants mauvais! quoi! le combat contre sa propre nature! et que peut la politique pour assouplir à ce point l'intelligence? La politique peut bien faire des lois d'éducation et de morale, mais elle n'impose ni l'éducation ni la morale. La politique vient expirer avec toutes ses forces accumulées au bord de la conscience humaine. Dieu seul y pénètre, et encore il ne la dompte pas par la force; il ne la soumet pas en esclave; non, en lui commandant il la laisse libre; seulement, si elle est rebelle, il la déchire par le remords. C'est là sa domination.

Voilà donc l'erreur de la politique, c'est de vouloir suppléer Dieu dans l'éducation. Dieu lui est suspect; son action lui est comme une sorte de rivalité dangereuse. Si Dieu fait l'éducation du peuple par la lumière et l'enseignement de la religion , l'office de la politique que pourra-t-il être ?

Remarquez , mon ami, que la politique n'écartera pas Dieu tout à fait de l'éducation, mais elle ne permettra pas que Dieu fasse l'éducation : ce serait trop périlleux !

Aussi vous avez vu une étrange chose dans les derniers temps. L'administration a enveloppé dans ses règlements tout ce qui se rapporte à l'éducation en France : l'enseignement technique et l'enseignement élémentaire, les études savantes et les études préliminaires , les universités et les écoles de village ; et dans cette confusion vous voyez pêle-mêle la sœur de charité comme l'instituteur de Lancastre et le frère ignorantin , saisis par le réseau administratif , ni plus ni moins que les doctes professeurs des hautes écoles et les distributeurs officiels de la science humaine.

Je ne saurais croire que le bon sens des politiques ne soit point choqué comme le vôtre de cette énorme bizarrerie ; mais ils

aiment mieux introduire l'absurde dans leurs
lois d'unité que de laisser l'éducation du
peuple s'en retourner librement à la seule
autorité qui la puisse guider ; et cependant
j'ajoute encore qu'ils ne voudront pas chas-
ser la religion de l'éducation , mais ils la
voudront régler comme tout le reste : ils souf-
friront que le bon frère s'entoure de cette
population d'enfants du peuple, à qui manquerait sans cela l'enseignement moral qui
les dispose à la vertu ; mais ils feront entrer
ce pauvre ignorantin dans leurs cadres officiels, et même ils lui donneront un diplôme,
au besoin, afin qu'il n'ait pas l'air de remplir ce saint office de l'éducation sans avoir
reçu sa mission de la politique. Ils feront de
même de l'humble sœur de charité, de cette
amie du peuple, de cette admirable envoyée
des anges. Elle aussi, il faudra qu'elle soit
enrégimentée dans l'administration. Son école
sera visitée officiellement par des inspec-
teurs de l'Etat. Ce serait autrement un grand
péril que la bonne sœur enseignât aux petites filles qui se pressent autour de sa robe
noire à aimer Dieu, à honorer leur père, à

consoler leur mère, à être pieuses, modestes, laborieuses, dociles sous la main de la Providence, résignées dans les épreuves qui paraissent devoir fatiguer leur pauvre vie. Oh ! oui, ce serait là un grand péril ; et aussi l'école des sœurs est classée dans le tableau des écoles officielles, et nous avons, pour notre sécurité, trouvé le moyen de soumettre l'enseignement de la charité à l'examen de l'Etat. Voyez où nous pouvions aller sans de telles précautions !

Mon ami, le siècle est fou ! Comment calmer sa folie ? Laissons au temps le soin de lui apporter des mécomptes ; mais pourtant indiquons-lui ses chimères.

Une des grandes chimères à présent, c'est de multiplier les écoles du peuple ; les précepteurs du peuple, c'est là une grande partie de l'administration de l'Etat.

Mais l'éducation ! encore une fois. Ah ! si avec ses quarante mille écoles, bien encadrées et bien dotées, le peuple ne doit acquérir ni plus de vertu, ni plus de probité, ni plus de piété, ni plus de foi, que sera-ce que ce progrès d'éducation ? Voyez l'inconséquence ! Si vous voulez appeler autour de vous quelques enfants heureusement nés, que vous aurez remarqués pour leurs dispositions intelligentes, la politique accourra pour vous interdire de les former à la science humaine en même temps que vous les formeriez à l'étude des choses saintes : c'est que votre nom n'est pas inscrit dans les cadres officiels de l'éducation ; et vous ne pouvez, pour cette raison d'Etat, faire de bien aux hommes par l'enseignement, et concourir pour votre part à la diffusion des lumières, ce premier besoin du siècle où nous sommes, je dirai plutôt ce goût naturel de tous les siècles.

Qu'est-ce à dire ? on multiplie les écoles, et on a peur des bonnes écoles. Le nombre des écoles pourtant ne sauvera pas le peuple ; l'administration officielle de l'éducation ne rendra pas l'éducation meilleure. On s'attache à un ordre extérieur, on fuit l'ordre moral ; on discipline l'enseignement, on lui ôte l'inspiration. Je ne me plains pas qu'on instruise le peuple, je me plains qu'on l'instruise mal ; je ne me plains pas qu'on lui donne des instituteurs, j'aimerais mieux qu'on lui en laissât de bons.

X.

Les amis du peuple.

———

L'erreur de la politique, c'est donc de vouloir tout étreindre dans son système administratif, et de se méfier sans cela de ce qui est utile au peuple, de la bienfaisance même et de la charité.

Grande erreur, mon ami, où le peuple perd beaucoup et la politique gagne peu de chose. Il est certain d'abord que cette intervention de l'Etat, dans les choses de zèle chrétien et de pure bienveillance humaine, ôte au bien qui se pourrait faire cette liberté et cet abandon qui provoquent la gratitude et l'amour. Voyez la différence de l'ami du peuple, qui, sous l'inspiration de la piété, s'en va à la recherche des souffrances pour les soulager, et de l'administrateur public qui se fatigue à dresser des tableaux statistiques de la pauvreté pour donner des bases certaines à la répartition de la bienfaisance. L'un passe parmi les hommes comme un ange venu du ciel, l'autre n'est pas même aperçu par ceux qui souffrent, et s'il ouvre sa main pour verser l'aumône, l'aumône même change de nom : ce n'est plus un bienfait, c'est un calcul.

Ainsi la politique n'a pas même le mérite de sa bienveillance pour les hommes. Dès qu'elle veut administrer la bienfaisance, le peuple n'y voit plus une effusion d'amour; et alors tout se passe officiellement et froidement entre l'Etat et le peuple. Le peuple voit dans la charité de l'Etat un droit acquis, où la volonté de bien faire n'entre pour

rien, où tout est réglé et imposé d'avance
par de certaines conventions, dont il ne se
rend pas bien compte, mais qu'il suppose
plus fortes qu'un mauvais vouloir. Il s'ensuit
que les bienfaits publics, de quelque nature
qu'ils soient, ne trouvent point de cœurs ouverts pour les recevoir ; on les accepte avec
indifférence , et quelquefois on en jouit
avec défaveur , comme si on soupçonnait
qu'ils ne sont pas tout ce qu'ils devraient
être ; et enfin l'*opposition* s'exerce même sur
la charité.

Voici une remarque quelque peu politique, mais dont je n'étendrai pas l'application au delà de nos études présentes. Plus le
pouvoir humain a perdu de son influence
morale ; plus il a voulu étendre son action
matérielle : il pensait se dédommager, il s'est
affaibli. L'action matérielle ne s'acquiert
qu'au détriment de l'autorité.

Il fallait laisser aux idées chrétiennes le
temps de se refaire. On a eu peur de la charité, si elle était indépendante ; elle seule
pouvait ramener l'harmonie entre les hommes. En voulant tout administrer, même la

bienfaisance, on lui a ôté son charme ; on a dé-
senchanté la souffrance, dont la plus douce
consolation est la gratitude.

Et puis, il faut bien l'avouer, il y a dans la
bienfaisance légale et officiellement adminis-
trée quelque chose de dur et de méprisant,
qui ne saurait provoquer l'affection.

Voyez ce que peuvent faire les amis du
peuple, quand ils ne sont pas inspirés par
l'amour chrétien. Ils peuvent faire des dé-
pôts de mendicité et des maisons de correction ! Voilà tout ; et encore ils les peuvent
faire, mais ils ne les peuvent pas gouverner.

Quoi d'étonnant ! Est-ce qu'il est donné à
l'homme, s'il n'a pas la charité dans le cœur,
de se jeter au milieu des misères humaines,
et de les consoler ou de les guérir à force de
soins et de tendresse? Mais, ne les pouvant
soulager, on les disciplinera par la force !
Ah ! ceci est facile.

On ramasse donc dans nos cités tout ce
qui se rencontre de malheureux ou de vaga-
bonds, vertueux ou criminels, mais criminels
toujours, s'ils sont exténués par la faim et

s'ils demandent la vie au riche qui passe.
Puis, on amoncèle pêle-mêle ces hommes
ainsi recueillis par une charité farouche, et
on les jette dans un grand cloaque, qu'on appelle dépôt de mendicité, sous une garde de
police, semblable à la douceur des geôles et
à la paternité.des bagnes. Voilà bien ce qu'on
peut faire; mais je vous demande, mon ami,
si c'est là de l'humanité, et si le peuple peut
avoir dans l'âme des retours d'affection pour
de telles consolations données à la misère et
à la douleur!

Ou bien, effrayé des dispositions fatales
qui se révèlent quelquefois dans le jeune âge,
parmi des enfants sans éducation et sans culture, l'Etat leur ouvre des asiles où des soins
plus doux pourront les ramener aux penchants de la vertu. Mais si l'Etat entre seul
dans ces retraites, si la charité n'y est pas vivante et représentée par des maîtres exercés
à porter doucement la main sur les infirmités de la vie humaine, que sera-ce que cette
correction, sinon une excitation de plus donnée à une nature mauvaise? On veut aller
au-devant .des vices et on leur donne un

aliment. On veut prévenir la haine, et on l'allume.

Ah ! la charité seule fait les amis du peuple, et seule elle embrasse les pauvres pour les bénir, et les méchants même pour les corriger.

Si les institutions de l'Etat étaient confiées à la religion, elles profiteraient à l'Etat, par le bien qu'elles feraient au peuple. Les malheureux ne les verraient pas comme une menace, mais comme une protection. La vieillesse y entrerait sans effroi, et l'enfance en sortirait sans infamie. Les malheurs et les vices seraient guéris à la fois. Hélas ! les uns et les autres ont un droit égal à la pitié, et c'est une triste erreur d'en chercher le remède dans une police qui ne serait qu'implacable.

Que les amis du peuple ne se nourrissent donc pas de chimères. Le bien du peuple ne naîtra pas de leurs théories administratives, ni de leurs systèmes sur la pauvreté. Ils feront des livres, et ils laisseront au peuple ses douleurs. Ils feront des lieux d'asile, qui deviendront au peuple un supplice de plus.

Le peuple avait autrefois ses amis tout
naturels et ses asiles tout ouverts. C'étaient
les amis, c'étaient les asiles que lui avait
faits le christianisme, et que le temps a empor-
tés dans ses ravages. Mais le christianisme
n'est-il pas là toujours, et ne pourra-t-il suppléer par ses inspirations ce qu'il avait fait
pour d'autres siècles? C'est au christianisme
que nous avons à demander des bienfaits
nouveaux pour le peuple. Sa fécondité est
inépuisable, et sa charité est merveilleuse à
se varier selon les temps.

Mais aussi laissons-lui la liberté de son
action. Si nous nous défions de ses bienfaits,
c'est que nous voulons nous suffire par notre
génie de police. Ou bien alors ne nous glo-
rifions pas d'être les amis du peuple. Les
amis du peuple, c'est la charité qui les produit. Elle lui fait même des martyrs, et la
philanthropie ne lui a guère donné que des
maîtres ou des corrupteurs.

XI.

De la liberté du peuple.

———

Toutes les fois que ce saint nom de christianisme vient sous ma plume, je suis tenté de laisser aller ma pensée au delà des bornes de notre humble sujet. Qu'est-ce que le peuple ne doit pas au christianisme? Je voudrais pouvoir le dire ici, avec tout l'abandon de mes convictions, qui sont les vôtres, mon ami. Mais au moins que le peuple sache ce qu'il lui doit en fait de liberté.

La liberté! on la montre au peuple; qui est-ce qui la lui donne? Ceux qui parlent le plus de liberté sont ceux qui vont le plus droit au despotisme. La liberté, c'est le mensonge éternel des dominateurs.

Le christianisme, lui, ne parle que de soumission et d'humilité, et avec ces paroles timides et clémentes il détruit la servitude.

Qu'était-ce que la liberté du peuple avant le christianisme? Le peuple le sait-il?

Et d'abord qu'était-ce que le peuple? Le peuple était un troupeau conduit par une houlette de fer, rien autre chose. Je ne parle pas du peuple dans les monarchies, mais du peuple dans les républiques. A Rome, la république que nous aimons le mieux, parce qu'elle a préparé le renouvellement du monde; à Rome, le peuple, constitué par des lois de privilége, paraissait à peine devant la superbe aristocratie du sénat; ou bien c'était un corps borné à de certaines limites, en dehors desquelles vous trou-

viez d'abord une vaste plèbe sans existence, et puis une masse énorme d'esclaves,
considérés comme *choses* et non comme *per-
sonnes*, c'est-à-dire comme *choses* de propriété, que le maître tuait, ou vendait, ou
mutilait, ou noyait, à sa volonté. Tel était le
peuple.

A-t-on jamais dit cela au peuple ? Le sait-
il ? Se doute-t-il qu'il y a sur la terre une
puissance qui 's'est jetée au-devant de ces
oppressions infàmes, et qui a restitué les
hommes dans leur dignité ?

Non, il ne le soupçonne pas. Il y a des
maîtres du peuple pour lui dire, quand il
est libre et heureux, qu'il doit s'armer contre
ceux qui commandent, briser leur sceptre
ou leur glaive, et s'affranchir de leur pouvoir, fût-ce par la violence et le meurtre. Il
n'y en a pas pour lui dire que, lorsqu'il était
esclave et dans les pleurs, et lorsque nul
flatteur n'était là pour le nourrir de chimères, la religion chrétienne, avec ses prêtres
sans armes, s'en alla dompter les tyrannies,
humaniser la domination, et attendrir la fé-
rocité.

On ne dit point cela au peuple. On veut lui laisser croire que c'est lui qui s'est fait libre de ses mains. Hélas! le peuple n'a jamais su et ne saura jamais que se faire esclave. Sans le christianisme, sans cette mystérieuse puissance qui dénoue les chaînes plutôt qu'elle ne les brise, le peuple eût éternellement baissé la tête sous l'épée de ses maîtres. Le peuple! le peuple! est-ce que le peuple n'aimait pas Néron, le parricide, le bourreau, l'incendiaire? Est-ce qu'il ne pleura pas sa mort? est-ce qu'il ne poursuivit pas son ombre comme une espérance? Le peuple n'a de force que pour briser les pouvoirs faibles ou bons. Il tremble devant les pouvoirs atroces, et quelquefois il les adore.

Il fallait certes autre chose que la volonté du peuple pour qu'il arrivât à la liberté. Et dites-moi, qu'est-ce que la liberté du peuple dans toutes les régions du monde où le christianisme n'a pas lui encore? Qu'est-elle en Asie ou en Afrique? en Chine ou en Turquie? Qu'est-elle dans les peuplades sauvages de l'Amérique? qu'est-elle même dans les

pays où le christianisme n'a jeté qu'une partie de ses rayons?

Les philosophes disent : Laissez venir la
civilisation, et la liberté suivra !

A la bonne heure ; mais d'où la civilisation
viendra-t-elle? Avons-nous sur le globe un
peuple civilisé, qui ne soit pas chrétien, et
qui soit libre? montrez-le !

C'est un très-grand malheur qu'on n'apprenne pas au peuple à connaître la source
réelle de sa liberté. Il n'y aurait qu'à lui rappeler l'histoire de la religion sous l'ombre
de laquelle il vit sans la connaître. Cette religion semble ne lui avoir été donnée que
pour le ciel; elle lui a aussi été donnée pour
la terre. C'est elle qui lui a apporté tout ce
qu'il a de bonheur.

Et en lui parlant du christianisme, ne
faut-il pas lui parler de ses prêtres? Les
prêtres chrétiens sont les prêtres du peuple,
je l'ai dit souvent; ils sont les prêtres de la
liberté. On les montre au peuple comme des
tyrans, il faudrait les lui montrer comme
des libérateurs.

C'est au peuple de France surtout qu'il

conviendrait d'étudier le christianisme et ses prêtres sous ce point de vue.

Nul peuple n'entendit jamais plus de paroles d'excitation à la liberté. Ce mot de liberté retentit de toutes parts avec éclat. C'est avec ce mot terrible qu'on nous a fatigué l'existence depuis un demi-siècle par des révolutions et par des crimes, dont le monde n'avait jamais eu d'exemple. C'est pour la liberté que nous avons brisé les croix et souillé les temples ! En même temps les plus impurs des hommes sortaient de la fange pour commander au peuple. O liberté du crime ! tu n'es pas la liberté.

Le peuple donc ne saura-t-il jamais que dans cette France si souvent battue par les orages, la religion a toujours été du parti de la liberté, et aussi qu'elle l'a sauvée de tous les périls?

Il y a dans le clergé chrétien un admirable instinct d'affranchissement populaire, que vous pouvez suivre dès les commencements de la monarchie franque. C'est le clergé qui protégea les Gaules contre la conquête, et c'est lui qui garda le peuple contre toutes les oppressions qui la devaient suivre.

Ah! mon ami, qui est-ce qui dira cela au peuple? qui est-ce qui l'instruira des bienfaits du christianisme? qui est-ce qui lui fera connaître la liberté qu'il en a reçue? Et aussi qui est-ce qui lui fera aimer cette liberté? qui est-ce qui le dissuadera de poursuivre la liberté si différente des vices et des désordres?

Voici peut-être le point le plus difficile de cette éducation du peuple que nous cherchons. Le peuple, aisément, s'attache aux chimères; comment lui ôter le goût des illusions? Et comment aussi fermer son oreille aux paroles de flatterie?

La politique sans doute interviendra entre le peuple et ses corrupteurs, et je ne la saurais blâmer, cette fois, si elle-même apporte dans cette œuvre la probité et la bonne foi; mais c'est la religion encore qui remplira le mieux cet office populaire.

Il y a une notion de liberté qui est comme une notion d'équité et de vertu, dont il faut laisser la garde au christianisme, autrement chacun se fait sa liberté comme il se fait sa justice. Or, cette notion est haute et souveraine ; elle embrasse à la fois le pouvoir et le peuple. Il faut donc qu'elle descende d'une autorité qui la puisse faire accepter à tous à la fois.

C'est la religion qui entourera le peuple de protection, et c'est elle qui désarmera la puissance ; c'est elle qui donnera de la justice aux lois, et c'est elle qui les rendra clémentes et égales.

Les philosophes ont écrit fort souvent : *La religion est bonne pour le peuple*, et ils disaient plus vrai qu'ils ne pensaient. La religion est bonne pour le peuple en effet, car elle est sa gardienne. Sans elle il serait une proie ou un jouet pour les puissants.

D'autres ont écrit que la religion était bonne, comme instrument de la politique, afin d'assouplir le peuple à l'obéissance et de donner de la sécurité à ceux qui commandent. Ceux-là étaient de vils trafiquants de la liberté ; qui est-ce qui me donnera assez de mépris pour le répandre à flots sur eux, et les marquer au front comme des infâmes !

Ah! la liberté du peuple n'est pas une vaine parole. L'éducation du peuple serait fortunée, s'il apprenait à en comprendre tout le sens. Il saurait à quel usage l'emploient ceux qui aspirent à devenir ses maitres. C'est la religion encore qui lui sera une lumière. La religion est le bon sens appliqué à toutes les choses pratiques de la vie. Un peuple religieux est fort contre les conseils funestes, et il est fort aussi contre les essais de la tyrannie. La religion donne au peuple une dignité qui impose aux oppresseurs. *La religion est donc bonne pour le peuple*, car elle protége sa liberté, et les philosophes peuvent dire aussi qu'elle est bonne pour ceux qui commandent, car elle les retient dans leurs pensées de violence et d'arbitraire.

XII.

Des grands.et des petits.

———

Vous le voyez! tout semble nous conduire naturellement à des vues politiques, et nous y arrivons par le penchant naturel de notre sujet.

Comment traiter sans cela de l'éducation du peuple? et cependant je n'ai garde de toucher aux questions ardentes qui ont été jetées parmi nous, et qui ont fait du peuple comme un vaste foyer où fermentent les passions qui brûlent les empires.

Il en est une qu'il nous faut seulement effleurer.

Y aura-t-il éternellement des hommes qui commandent et des hommes qui obéissent? Y aura-t-il éternellement des puissants et des faibles, éternellement des grands·et des petits? Oh! que sur cette question il y a de chimères à jeter au peuple! Qu'il y a de folles idées à répandre et de mauvais desseins à faire naître!

Pour peu que j'eusse quelque envie de faire de l'éloquence populaire, j'en ferais comme un autre, mon ami, et je dirais aussi aux hommes : Est-ce que vous n'êtes pas des hommes? Est-ce que Dieu ne vous a pas faits les égaux de ceux qui naissent comme vous dans les pleurs? Est-ce qu'il vous a marqués d'un signe pour la sujétion, pour la pauvreté, pour le deuil, pour l'opprobre? Est-ce que vous êtes des victimes désignées pour le sacrifice? Est-ce que vous n'êtes pas nés avec une intelligence, avec un cœur, et aussi avec des bras? Est-ce que vous supporterez la honte comme des êtres perdus, qui n'ont de volonté que pour reconnaître le droit de leur dégradation? O hommes! réveillez-vous de votre infamie et levez la tête! Peuple, redresse-toi, et parais devant tes maîtres! Que l'égalité de la nature soit rétablie, que l'œuvre de Dieu soit vengée!

Oui, je pourrais bien dire cela aux hommes, et je pourrais aller au delà, et je pourrais armer les passions, et je pourrais provoquer les destructions, et les crimes, et les meurtres, et tout cela au nom de la sainte égalité de la nature!

Et puis, qu'aurais-je fait? Imaginons qu'il se trouvât un génie d'homme assez puissant pour remuer un jour l'humanité et pour traîner à sa suite les masses populaires, ces masses violentes et désordonnées, qui en une heure défont dix siècles, et d'une société font un chaos. Imaginons, pour plus de charme dans les chimères, que, sans violence et sans malheur, un prodige vînt brusquement faire tomber toutes les distinctions qui règnent parmi les hommes, et qu'un jour, au réveil de la nature, le soleil trouvât toutes les iné-

galités sociales passées sous un niveau. Eh
bien ! n'est-ce pas là un magnifique vœu des
philosophes réalisé ? Et le monde ne devrait-il
pas, après cela, marcher avec sécurité au
bonheur ?

Mais, quoi! au moment même où paraît cette
égalité, comme un doux rêve, je la vois fuir ;
ce n'était qu'une ombre. L'inégalité était
chassée, et à l'instant elle se montre ! Voici
l'inégalité de l'esprit et de la force, l'inégalité
de la volonté et du courage, l'inégalité de
l'habileté et de l'industrie, l'inégalité des vocations et des désirs, l'inégalité des vœux et
des besoins ! Voici des classifications nouvelles
de travail, de mérite et de génie ! Voici la
propriété qui se refait ! Voici la succession
qui se varie ! Voici la transmission qui se
multiplie ! Et puis, voici l'esprit d'impré-
voyance à côté de l'esprit de sagesse ! Voici
l'avenir déjà tout envahi : d'une part la misère, d'autre part la richesse ; d'une part la
pauvreté, d'autre part l'opulence, et tout cela
par la simple impulsion de la nature ! Quoi !
la distinction des conditions reparaît comme
une œuvre de l'égalité ! Où sommes-nous ?

Et encore je ne parle pas de la répartition
de la puissance politique qui va se faire de
même dans cette société livrée à son penchant. Non ; laissons cette autre inégalité, où
la raison des philosophes s'engloutit si facilement ; nous avons bien assez de celle qui va
naître de l'activité ou de la cupidité des
hommes, de leur ¦imprévoyance ou de leur
inertie.

Or, dites-moi, si l'inégalité des positions
que fait la seule richesse est si prompte à
s'établir, n'est-ce pas qu'elle sort comme un
produit naturel de l'organisation humaine ?
Et les philosophes, pour n'en avoir pas le dé-
menti, demanderont-ils qu'il y ait parmi les
hommes une puissance quelconque pour briser cette inégalité, à mesure qu'elle se refait ?
Mais cette puissance, quelle qu'elle fût, serait
elle-même une énorme inégalité ! Elle commanderait à l'instinct des hommes ; elle commanderait à leur nature même, et, de plus,
elle leur commanderait pour établir un état
de choses qui serait une souveraine iniquité ;
car elle mettrait en état d'égalité le vice et la
vertu, l'imbécillité et le courage, l'incurie et

le travail, la mollesse et l'activité ! Mon ami, nous voici en peu de mots aux limites de l'absurde, et je vois qu'après avoir provoqué ceux qui obéissent à briser la tête de ceux qui commandent, chose qui peut se faire, hélas ! sans beaucoup d'éloquence, j'en serais, comme tous les sophistes, réduit à embrasser des monstres de chimère et à m'aller abîmer en des conséquences devant lesquelles toute la raison se trouble.

Que faire donc? Ah ! le plus simple parti, c'est d'accepter la condition humaine telle que Dieu l'a faite, et seulement de l'adoucir par les vertus qu'il a prescrites, par l'amour surtout, la première de toutes.

L'homme a beau faire, et il a beau se débattre, il ne changera pas sa nature ; et les philosophes ont beau lutter contre l'ordre de la société, sous prétexte d'une perfection idéale, toujours ils retomberont dans les lois qui le constituent.

Dans cet ordre, mon ami, il y a des grands et des petits, comme il y a des forts et des faibles. Que pouvons-nous contre cette condition de l'humanité ? Il nous serait plus profitable de la reconnaître comme un signe de cette antique déchéance, qui l'a noyée dans les larmes, et condamnée à porter l'éternelle chaîne de la douleur.

Alors, malheureux que nous sommes, au lieu de nous révolter vainement contre cette condition, et de nous en faire à nous-mêmes un tourment sans fin, nous la subirions paisiblement, et nous ferions effort pour en adoucir le poids entre nous.

Oh! qu'il serait beau de voir tous les hommes s'appliquer à des soins si doux! On ne parle que de la misère des petits; mais la misère des grands n'est-elle pas lamentable aussi? En quelle condition n'y a-t-il pas de larmes? Les petits gémissent, et les grands gémissent plus encore. La voix de l'humanité est un grand soupir; est-ce donc que tous les hommes ne se doivent pas également de la commisération et de la pitié?

Voyez comme le christianisme, car il faut toujours revenir au christianisme, quand il s'agit des misères et des consolations de la vie; voyez comme il se conforme admirablement à cette condition commune de la souffrance, dans la distinction naturelle des rangs et des positions.

Le christianisme n'a rien de chimérique dans ses vertus et dans ses conseils ; tout va à la simplicité, à la réalité, à la pratique. Il ne dit pas aux hommes de rompre l'inégalité qui les oppresse ; il leur dit de mettre en commun leurs gémissements : voilà la grande égalité du christianisme, l'égalité de la douleur, de la résignation et de l'espérance.

Toutefois, il ne dit pas aux grands que le monde est fait pour eux, qu'ils doivent jouir en sécurité des biens qui leur ont été faits, et que nulle force ne peut le leur ôter jamais. Il leur dit au contraire que les biens sont un dépôt, qu'ils en doivent une part à ceux qui n'ont rien ; que la richesse est un péril, et que tous les trésors du monde, la puissance, les honneurs ne sont rien au prix de la vertu qui souffre et se cache.

Et aux petits, que ne dit point le christianisme ? Il ne les excite pas contre les grands et les puissants ; il ne les provoque pas à l'envie ; il verse dans leur âme la douceur et l'amour ; il leur fait de la misère un titre d'honneur ; il leur fait aimer jusqu'à la douleur. Et aussi, lorsqu'à chacune de ces grandes portions de l'humanité il a inspiré les vertus qui répondent à leur condition, il les rapproche par la charité ; il verse dans l'âme de tous les hommes un sentiment d'affection naturelle, qui fait disparaître les rangs, et sert à tous de consolation et de force.

Je ne veux pas dire que les petits sont ceux qui gagnent le plus à cette mise en commun de la charité. Non, certes, je ne le dirai pas, car il semblerait que les petits sont les plus malheureux sur la terre, et c'est peut-être le contraire qui est véritable. Qui est-ce qui connaît ce qu'il y a de profond dans la souffrance des grands, de ceux que nous appelons les riches et les heureux ? Qui est-ce qui a le secret de leur vie, de cette vie cachée sous les plaisirs et sous les pompes ? Ah ! ce sont les grands surtout qui ont besoin du christianisme et de son esprit d'aménité et de douceur pour tempérer ce qu'il y a de supplices dans leur mollesse et de tourments dans leurs délices. Les grands, sans le christianisme, vivraient désolés, et en quelque sorte pros-

crits parmi le reste des hommes ; la haine les
maudirait ; et lorsque les plaisirs viendraient
à leur manquer, ils n'auraient plus qu'à fuir
le monde et à se fuir eux-mêmes comme des
désespérés. Le christianisme vient à leur aide
lorsque tout les délaisse ; ils commencent à
sentir la vie lorsque le monde l'avait flétrie ;
et c'est la charité alors qui les ravive. Les
infortunés ! ils vont se consoler de la richesse
et des voluptés en cherchant le contact de la
pauvreté et de la souffrance ! Et telle est donc
l'admirable économie chrétienne, que ce sont
les petits qui reçoivent les grands dans leur
sein, comme si les petits étaient le fond même
du christianisme ; et ainsi se réalise cette loi
d'amour qui rapproche tous les hommes, et
fait la seule égalité possible dans la grande
inégalité des rangs et des conditions.

Je bénirais une éducation qui apprendrait
au peuple à se considérer ainsi lui-même sous
l'action protectrice du christianisme. Et sans
doute il ne faudrait pas de grands efforts d'esprit pour le conduire à de telles pensées. Il y
arrive de lui-même par la triste épreuve
qu'il fait de la vie ; mais il ne faudrait pas

non plus, mon ami, que ses maîtres lui fissent
de sa condition une horrible fatalité. L'homme
se porte naturellement vers tout ce qui peut
lui paraître un adoucissement à sa condition
présente. Le christianisme n'est point venu
attaquer ce penchant, quelquefois si noble;
mais en laissant au courage son énergie, il y
ajoute la résignation, vertu plus difficile et
qui jamais ne saurait être l'apathie désespérée et idiote du fataliste. C'est ce qu'il faut
dire au peuple; vous le lui dites, vous, son
premier maître. Mais si tous ses maîtres le
lui disaient à la fois, il me semble que tout cet
ensemble d'enseignement ôterait la défiance
entre les hommes, sans ôter l'émulation, et
raviverait la charité sans éteindre la liberté
du mérite et l'activité des vertus et du génie.

XIII.

Christianisme du peuple.

———

Soyons justes ! il y a dans le peuple une lumière naturelle de bon sens qui lui fait comprendre ce qu'il doit au christianisme, et
c'est pourquoi, dans la corruption moderne
des opinions et des mœurs, le peuple reste
chrétien encore. C'est comme un sentiment
de gratitude, plus fort que l'ignorance ou que
la méchanceté.

Les philosophes ont affecté quelquefois du dédain pour le christianisme, la religion du peuple. Voyez la contradiction ! Et ces mêmes philosophes font du peuple tout l'élément de la politique ! Qu'est-ce à dire ? Le peuple est donc d'une part l'expression de l'ignorance, et de l'autre l'expression de la vérité ! Les philosophes ne savent pas toujours très-bien ce qu'ils pensent, car ils pensent à la fois des choses toutes contraires.

Oui vraiment, le christianisme est la religion du peuple, et en cela, comme en tout le reste, il est divin ; car il éclaire des intelligences auxquelles n'arriverait, sans lui, aucune lumière. Le christianisme abaisse le soleil en quelque sorte ; il abaisse la vérité et la raison pour le peuple. Le christianisme n'appartient pas à un choix d'esprits ; il appartient à l'humanité. Voilà sa grandeur. C'est son universalité qui le rend céleste. Et les philosophes riaient du christianisme pour cela même ! étaient-ils des philosophes ?

Aussi le peuple comprend d'instinct ce caractère admirable du christianisme. Il l'aime, comme s'il était venu pour lui seul. De là une

foi naïve et simple, de là une piété expansive
et pleine d'élan.

Le christianisme du peuple n'est point
une poésie vaporeuse ni une abstraction mé-
taphysique. Le peuple n'arrive pas à la
croyance par les détours d'un raisonnement
pénible. Le peuple est chrétien par un besoin
de son âme, par un penchant naturel de toutes ses idées et de toutes ses affections.

Voyez le peuple! je parle du peuple qui
croit encore ; on dirait qu'il n'a de délicatesse
que dans la piété. Toute sa tendresse de cœur
semble se porter vers les choses saintes. Hors
du temple, vous le trouvez avec sa rudesse.
Au temple, il a pris un aspect nouveau, et peu
s'en faut que son air inculte ne soit devenu
de la bonne grâce. La piété rend le peuple
élégant. Elle donne de l'effusion à la pensée
et de la politesse à son langage. N'est-ce pas
là toute une éducation?

Et puis le christianisme du peuple va droit
à la pratique des vertus. Aussi, que de choses
cachées dont la religion a le secret! Le peuple a la tradition de cette charité ardente de
cette vieille Eglise chrétienne. Avec ses for-

mes âpres, vous trouvez en lui un zèle d'amour admirable. Dans sa pauvreté il rend l'aumône féconde. On dirait que l'habitude du travail, en le nourrissant de confiance, donne plus de hardiesse à ses dons. Chez le peuple, la foi remue véritablement les montagnes. Sa piété est active et infatigable. Rien ne le distrait des joies chrétiennes, si ce n'est le travail, qui est une partie de sa piété.

Je ne sais vraiment ce que pourrait être le peuple s'il n'était pas chrétien. Par rapport aux pouvoirs sociaux qui le gouvernent, il serait une bête fauve indomptée : cela a été dit bien des fois. Mais par rapport à lui-même, que serait-il? Un amas d'êtres maudits, à qui l'espérance est interdite, et dont la vie doit se traîner dans les douleurs.

Le christianisme est toute la force du peuple et il est tout son bonheur. Le christianisme donne au peuple un calme admirable dans le travail et la peine. Il lui explique la loi touchante de la Providence qui veille pour lui, à la condition qu'il ne s'abandonnera pas lui-même. Rien de plus propre à donner aux jours du peuple une douce sérénité. Le christianisme ôte au peuple ces effroyables anxiétés de l'avenir, qui sont la désolation du riche et du puissant. Il donne enfin de la sécurité à toute son existence, et il lui adoucit jusqu'aux douleurs qui traversent le cœur des hommes.

Aussi vous ne voyez pas dans le peuple chrétien ces mortelles sollicitudes qui dégoûtent de la vie et animent les passions à des dénoûments atroces.

Le suicide est le grand crime des sociétés athées, et comme l'athéisme ne touche le peuple qu'en dernier lieu, le suicide n'y arrive aussi que lorsque la dégradation est achevée.

S'il ne restait rien du christianisme chez le peuple, le suicide y paraîtrait tout aussitôt comme un remède naturel de ses misères; ou bien ce serait un dernier témoignage de pitié que de lui porter secours par l'extermination. Cela ne s'est-il pas vu? La loi des vieilles républiques ne délivrait-elle pas la terre des vieillards cacochymes et des enfants mal venus? O sainte loi de l'humanité! elle voulait épargner la souffrance à ces pauvres êtres, peu propres à porter la vie, et elle les tuait.

Voilà donc ce que serait le peuple sans le christianisme! ceci est de tous les temps. Et aussi le peuple semble porter en lui-même le sentiment de ses bienfaits. La dévotion est naturelle au peuple. C'est plus que de l'amour; on dirait une justice, comme si le peuple devait à Dieu plus de gratitude que tout le reste de l'humanité. Les philosophes rient, parce que le peuple est dévot! Ils rient des femmes du peuple surtout! Et, en effet, le cœur des femmes a plus d'expansion et d'amour. Ils devraient bénir le christianisme, au contraire, d'avoir eu de tels secrets de consolation et de bonheur à verser dans les âmes les plus simples et aussi les plus étrangères aux délices de la terre.

Mais sont-ils philosophes de disputer au peuple son innocence, d'éprouver je ne sais quel besoin de lui dessécher le cœur, de vouloir lui ôter cette naïveté de la joie, cet admirable repos de l'espérance, le premier bien de la vertu?

Ils disent que le peuple se laisse aisément

aller aux superstitions, et c'est ce mauvais penchant qu'ils veulent guérir. A la bonne heure! mais, sous ce nom très-vague de superstition, ne veulent-ils pas atteindre la religion même?

Il est des croyances populaires qui sont étrangères au christianisme, mais dont la tradition résiste à tous les efforts; à vrai dire, le seul fait de ces croyances est peut-être un des grands problèmes de la philosophie humaine, bien qu'elle ne s'en occupe que pour en rire. Mais en attaquant ces faiblesses du peuple, faudra-t-il heurter sa foi? En le guérissant, on le tue.

Les philosophes se préoccupent des *superstitions*. Mais on dirait que le christianisme leur fait plus peur encore.

C'est le christianisme qu'ils semblent vouloir ôter au peuple. Et qu'ont-ils donc à lui donner en échange? Ils lui laisseront peut-être quelques débris de dogme, une vague pensée de Dieu, un je ne sais quoi qu'ils appellent du nom de morale! qui sait? Ils lui feront même un christianisme nouveau, réforme nouvelle de la vérité antique, appropriée, disent-ils, à d'autres temps et à d'autres mœurs.

Mais est-ce là le besoin du peuple? est-ce là son bonheur? est-ce là la sécurité de sa vie et le charme de son avenir?

Toutes les religions philosophiques, ou réformées, ou refaites par la main des hommes, ont touché par quelque endroit à l'existence morale du peuple et y ont laissé comme une empreinte de flétrissure.

Le christianisme du peuple est plein d'effusion. C'est un christianisme de pratique et de prière. Lui ôter ce caractère, c'est le détruire, et aussi le peuple n'a que faire de toutes les inventions *néo-chrétiennes* qu'on lui jette du haut des tréteaux. Que fera-t-il d'un christianisme sans croyance, d'un christianisme sans prêtre, d'un christianisme sans église et sans autel, d'un christianisme sans pompe, je dirai enfin d'un christianisme sans ciel? Ce christianisme charmera-t-il le foyer? bénira-t-il la famille? réjouira-t-il la vieillesse et l'enfance? consolera-t-il la souffrance? enchantera-t-il le bonheur? verrez-vous autour de ce christianisme les vertus s'exciter par le bon exemple? verrez-vous la charité active, l'aumône ingénieuse, la résignation courageuse, l'espérance affectueuse? verrez-vous enfin le peuple laisser doucement aller sa vie, entouré de secours et de conseils et confiant à la Providence la sécurité de son avenir?

Non, le peuple ne demande pas aux hommes le christianisme ainsi refait et déshonoré. Son christianisme, à lui, c'est le christianisme véritable, avec ses pontifes et avec ses fêtes, avec ses prières et ses œuvres de miséricorde et d'amour.

Malheur à ceux qui touchent au christianisme du peuple! ce sont des meurtriers du peuple. Ils lui désolent la vie. Ils le jettent comme dans une solitude infinie, où il ne rencontrerait que des anxiétés et des larmes.

XIV.

Des fêtes du peuple.

———

Qui donc s'étonnera que le christianisme, avec sa piété expansive et tendre, soit devenu pour le peuple une religion pleine de pompes et comme une fête perpétuelle?

Les fêtes du peuple les plus touchantes et les plus animées sont les fêtes chrétiennes.

Et en cela l'indulgence du christianisme est admirable! Il semble avoir distribué ses fêtes en deux parts : d'un côté les fêtes graves et austères, de l'autre, les fêtes brillantes et joyeuses ; les unes dans les mois sérieux et tristes, les autres dans les mois riants et doux.

Me pardonnerez-vous d'expliquer à ma façon cette distinction? On dirait que le christianisme a songé au peuple et à ses plaisirs, même dans la distribution annuelle de ses solennités. Voyez la plus grande partie des fêtes *patronales*, c'est-à-dire des fêtes populaires par excellence, s'amonceler dans les mois d'été, lorsque le cours des grands mystères est achevé, et aussi lorsque le peuple commence à voir les moissons et les fruits sourire à ses espérances.

Il était beau, le peuple chrétien, lorsque, plein de foi et d'amour, il faisait du patron du lieu le protecteur de ses joies et de ses plaisirs. Qui n'a pas eu le cœur ému au spectacle de ces fêtes de village, où l'esprit du christianisme est resté vivant? Voyez! toutes les âmes s'épanchent au dehors. Les familles s'assemblent, les amis se visitent, les vieilles affections se renouent,

les nouvelles se fortifient; le jeune enfant
accourt avec sa naïveté, et le vieillard avec
ses souvenirs; la jeunesse répand sa joie à
grand bruit. Mais tout le peuple pense d'a-
bord au saint du lieu. C'est un grand saint. Il
est rare qu'il n'y ait pas une chapelle ou un
lieu mystérieux, un chêne vénéré ou une
source d'eau vive, où se perpétue la tradition de ses miracles, c'est-à-dire de ses bienfaits. C'est là qu'on ira d'abord ranimer sa
piété, renouveler quelque vœu, raviver quelque espérance. Le pasteur joue ce jour-là un
grand rôle; il a revêtu ses plus beaux habits;
chacun le fête et l'honore. On l'entoure à
l'autel; les prêtres lui font cortége. L'église
est dans sa pompe; le chant a un éclat inac-
coutumé. Lorsque les solennités sont ache-
vées, le pasteur suit encore le peuple dans
ses joies. Le jour est beau, le soleil est écla-
tant, le peuple s'est assemblé sous l'ombre
des vieux ormeaux. Il semble que la Religion,
cette fois, voit avec complaisance les festins
et les danses; les jeux n'en sont troublés par
aucune passion grossière, et chacun se sent
au cœur une joie sainte et pure : telle est la

fête du patron de village, telle est la fête du peuple, une fête d'expansion et de naïveté, où la dévotion va au bal, où la piété se livre aux doux plaisirs, comme aussi l'irréligion va au temple, et se laisse vaincre par toute cette effusion de bonheur chrétien.

Comment s'est-il trouvé des philosophes ou des politiques pour disputer au peuple de semblables joies? N'était-ce pas jeter sur sa vie je ne sais quoi de triste et de mortel? Quelles seront les fêtes du peuple, sinon les fêtes du christianisme?

Il est une fête, une fête éminemment chrétienne et populaire, qu'il a été surtout cruel d'ôter au peuple ; c'est la Fête-Dieu, la fête des fleurs et des pompes, la fête qui unit le ciel et la terre, et Dieu même aux hommes.

Que de noires ténèbres il a fallu jeter sur l'esprit du peuple, pour qu'il se soit laissé enlever cette fête riante et gracieuse, la fête de la vieillesse et de l'enfance, la fête des jeunes filles et des jeunes mères ; cette fête où toutes les bénédictions et toutes les joies semblent tomber à la fois du ciel! Oh! que c'est là un signe de flétrissure désolant, et

un sinistre indice de la décadence morale
du peuple ! Malheureux peuple ! qui n'a pas
même su défendre ses solennités à lui, la
magnificence de son culte, les pompes de sa
foi et de sa piété.

Le peuple laissera-t-il ainsi disparaître
une à une toutes ses fêtes ? Il en est une que
je voudrais voir se raviver dans le christianisme, et qui n'a laissé que quelques traces
dans les hameaux les moins ravagés par l'esprit moderne. Ce n'est plus la fête du triomphe, c'est la fête de la prière et de la suppli-
cation : on l'appelle les *Rogations*. Admirable institution dont l'Eglise avait fait comme
le couronnement des travaux confiés à la
terre, et un doux présage des moissons et
des fruits que l'homme attendait des bontés
de Dieu.

Non, ce n'est plus ici de la joie, c'est de
l'espérance ! Mais toujours c'est une expansion d'amour. Les premières fleurs ornent
l'autel. La croix des campagnes est couron-
née par le soin des villageois, et c'est un
des spectacles les plus touchants du christianisme, de voir le prêtre s'en allant avec le

peuple s'agenouiller le long des champs et des prés, élever les mains vers le ciel, et remplir le vague des aïrs de paroles plaintives et suppliantes. Oh! les philosophes ont beaucoup parlé de la religion de la nature! que voulaient-ils dire ? La voici, certes, cette religion ! voici pour temple la terre qui s'ouvre aux rayons du jour; voici pour autel un gazon frais, et pour ornement des solennités, la croix de bois, parée seulement de quelques fleurs que la main des bergères y a suspendues! Tombez donc à genoux, philosophes, et n'écoutez pas sans larmes la voix du prêtre qui vous bénit, qui bénit la terre, et demande à Dieu de féconder les sueurs de l'homme.

Chaque fête du christianisme m'offre des spectacles aussi doux, quoique avec des aspects toujours variés. Je ne saurais suivre ici cette étude pleine de charmes. Aussi bien le souvenir d'un travail tout resplendissant de poésie me vient arrêter la plume. Châteaubriand a tout dit sur les fêtes du peuple. J'aurais mieux fait peut-être de lui emprunter ses doux tableaux, si ce n'est qu'ils sont sous vos yeux, et que j'ai dû reposer votre pensée sur des sujets plus humbles, mais non pas moins dignes de l'intérêt du philosophe, comme du poëte.

Mais ne parlerai-je pas de la fête la plus commune du christianisme, et pourtant de la plus auguste de toutes les fêtes, de la fête du dimanche, c'est-à-dire de la fête du Seigneur, de la fête anniversaire de la création, cette fête que le genre humain devrait célébrer dans toutes les langues, et que quelques-uns voudraient arracher du souvenir des mortels.

C'est au peuple encore qu'il appartiendrait de défendre sa fête proprement dite, la fête qui laisse respirer le travail pour lui redonner ensuite plus d'activité.

La fête du Seigneur est restée comme un souvenir dans l'esprit de tous les hommes sur la terre ; le christianisme seul l'a célébrée et l'a sanctifiée, en en faisant à la fois un jour de repos pour le peuple.

C'est donc une double insulte faite à Dieu et au peuple, que de retrancher ou de profaner ce jour, et de l'assimiler à tous les autres jours. Et pour ne parler ici que du peuple, il est remarquable qu'à mesure que l'esprit chrétien s'est affaibli, le peuple s'est trouvé plus abandonné à la merci de ceux qui trafiquaient de ses labeurs. L'ignorance de certains philosophes est grande! Ils ne savent pas que le christianisme, en instituant et multipliant ses fêtes, avait en vue la protection du peuple, tout aussi bien que l'honneur du culte rendu à Dieu. Chaque fête chrétienne était un jour d'affranchissement. C'est au temple que tombaient les chaînes du servage, et la liberté moderne s'est longuement façonnée et préparée par la prière au pied des autels. Quoi! il faudrait laisser oublier au peuple ce bienfait du christianisme! et parce qu'il n'y a plus de liberté à conquérir, il faudra que les libérateurs mêmes ne soient plus dignes de gratitude!

Mais prenons garde! De même que les fêtes chrétiennes ont fait la liberté du peuple, la profanation des fêtes, et du dimanche principalement, peut être un indice d'une servitude toute nouvelle.

La vieille glèbe est vaincue, il est vrai!

mais il y a une glèbe qui peut revenir, non plus peut-être par la conquête de l'épée, mais par la domination de l'argent, domination plus impitoyable à mon avis.

Dans les temps de pur matérialisme industriel, la cupidité fait l'esclavage du peuple ; alors toutes les âmes sont fermées à la pitié ; l'amour du luxe y domine tous les sentiments de la nature ; et que peut faire le peuple pour se soustraire à la servitude qui le menace? Le peuple va, comme toujours, plier la tête sous cette loi inexorable qui le condamne au travail; mais l'industrialisme la lui rendra plus rude et plus pesante. Point de repos sous cette féodalité barbare; si le peuple se repose un jour, on ne lui donnera pas de pain pour les autres jours; alors le travail est sans relâche. Le corps est engagé dans une condition de sujétion, qui en fait une mécanique dont on a calculé les produits. Quant à l'âme, elle ne compte plus dans l'homme ; elle est de trop ; on la lui fait oublier, s'il est possible. Or, voyez comme toutes les lois morales de l'humanité se tiennent sous la main de Dieu! On disait au peuple que c'était un signe de liberté que de s'affranchir des lois religieuses ; et à mesure qu'il s'en affranchit, il devient esclave ; je ne dis pas seulement esclave de lui-même et de ses passions, mais esclave d'autrui, esclave des volontés d'un maître, qui est là, lui versant sur la tête l'infamie et la misère pour toute liberté.

Oh ! qui aura pitié du peuple ? qui est-ce qui dira à ce pauvre peuple, menacé de servitude, que la liberté est sous la tutelle du christianisme ?

Rien qu'avec ses fêtes, rien qu'avec sa loi du dimanche, dont on n'a plus voulu par esprit d'indépendance, le christianisme servait la liberté du peuple. Le peuple, appelé dans les églises par le clergé chrétien, retrouvait là sa dignité. Admirable chose, que le christianisme ait fait tourner au bien-être des hommes non-seulement les devoirs intimes de la vie morale, mais les pratiques extérieures de la religion, et jusqu'aux solennités de son culte.

C'est que le christianisme répond à tous les besoins réels de l'humanité. Je parle des

fêtes ! Est-ce que l'amour des fêtes n'est pas
comme le fond de la nature du peuple ? Ah !
le christianisme sait mieux l'homme que les
philosophes. Dieu semble l'avoir accommodé
à toutes ses nécessités, à ses affections comme
à ses faiblesses, à ses penchants les plus nobles comme à ses goûts les plus misérables;
tantôt pour affermir ce qu'il a de bon, tantôt pour guérir ce qu'il a de mauvais.

Le christianisme donc, avec ses pompes
riantes et ses touchantes solennités, n'a fait
que répondre à ce besoin d'expansion qui ac-
compagne dans le cœur de l'homme l'amour
et la foi.

Et aussi qu'est-ce que pouvait être la réforme du christianisme, qui commençait par
retrancher les fêtes chrétiennes? On donnait
au christianisme un aspect rude et farouche,
lui qui est si plein de grâce. Et, chose singulière! sous prétexte d'ôter l'intolérance, on
ôtait la joie et l'effusion; on ôtait la fraternité, on ôtait tout ce qui est consolant et populaire. Il est vrai qu'en dédommagement on
ôtait la croyance qui captive et la pratique
qui répugne. Mais ce n'était pas là une ré-

forme, ç'était une destruction. C'est-à-dire qu'après avoir ôté à l'arbre sa parure, on le frappait à la racine pour l'extirper.

Mais on a vu d'étranges retours. On a vu, soit les réformateurs, soit les destructeurs du christianisme, vaincus par un instinct plus fort que leur mauvais vouloir, revenir aux fêtes du peuple, revenir aux pompes et aux joies ; mais quelles joies et quelles pompes !

Ah ! il n'est pas aisé de faire une fête qui demeure, une fête qui se perpétue dans la mémoire et dans le cœur des hommes......

Ecoutez ! ce n'est plus moi qui parle. Voici deux admirables pages tombées de la plume d'un grand philosophe :

« Il est, dit-il, une loi divine aussi certaine, aussi palpable que les lois du mouvement.

» Toutes les fois qu'un homme se met, suivant ses forces, en rapport avec le Créateur, et qu'il produit une institution quelconque au nom de la Divinité, quelle que soit d'ailleurs sa faiblesse individuelle, son ignorance et sa pauvreté, l'obscurité de sa naissance, en un mot, son dénûment absolu de tous les moyens humains, il participe en quelque manière à sa toute-puissance, dont il s'est fait l'instrument ; il produit des œuvres dont la force et la durée étonnent la raison.... Une fête populaire, une danse rustique suffisent à l'observateur. Il verra dans quelques pays protestants certains rassemblements, certaines réjouissances populaires qui n'ont plus de causes apparentes et qui tiennent à des sujets catholiques absolument oubliés ! Ces sortes de fêtes n'ont en elles-mêmes rien de moral, rien de respectable : n'importe ; elles tiennent, quoique de très-loin, à des idées religieuses ; c'en est assez pour les perpétuer ; trois siècles n'ont pu les faire oublier.

» Mais vous, maîtres de la terre ! princes, rois, empereurs, puissantes majestés, invincibles conquérants ! essayez seulement d'amener le peuple un tel jour de chaque année dans un endroit marqué POUR DANSER ! je vous demande peu, mais j'ose vous donner le défi solennel d'y réussir, tandis que le plus humble missionnaire y parviendra, et se fera obéir deux mille ans après sa mort.

Chaque année, au nom de *Saint* Jean, de *Saint* Martin, de *Saint* Benoît, etc., le peuple se rassemble autour d'un temple rustique ; il arrive, animé d'une allégresse bruyante et cependant innocente ; la religion sanctifie la joie, et la joie embellit la religion ; il oublie ses peines ; il pense, en se retirant, au plaisir qu'il aura l'année suivante au même jour, et ce jour pour lui est une date.

» A côté de ce tableau, placez celui des maîtres de la France, qu'une révolution inouïe a revêtus de tous les pouvoirs, et qui ne peuvent organiser une simple fête ; ils prodiguent l'or, ils appellent tous les arts à leur secours, et le citoyen reste chez lui, ou ne se rend à l'appel que pour rire des ordonnateurs. Ecoutez le dépit de l'impuissance ! écoutez les paroles mémorables d'un de ces *députés du peuple* parlant au corps législatif dans une séance du mois de janvier 1796 : « Quoi donc ! s'écriait-il, des hommes étrangers à nos mœurs, à nos usages, seraient parvenus à établir des fêtes ridicules pour des événements inconnus, en l'honneur d'hommes dont l'existence est un problème !

Quoi ! ils auront pu obtenir l'emploi de fonds immenses, pour répéter, chaque jour, avec une triste monotonie, des cérémonies insignifiantes et souvent absurdes ! et les hommes qui ont renversé l'autel et le trône, les hommes qui ont vaincu l'Europe, ne réussiront point à conserver, par des fêtes nationales, le souvenir des grands événements qui immortalisèrent notre révolution ! »

« O délire ! continue M. de Maistre, ô profondeur de la faiblesse humaine ! Législateurs, méditez ce grand aveu ; il vous apprend ce que vous êtes et ce que vous pouvez (1). »

Et pour moi, qu'ai-je à dire encore ? Cette imposante voix de philosophe ne me laisse plus que des vœux pour le peuple. Ah ! puisse le peuple aimer les fêtes du christianisme ! c'est toute sa joie, et c'est aussi toute sa liberté. Les fêtes que lui pourraient faire les hommes lui seraient à peine un étourdissement au milieu de ses misères et de ses douleurs.

(1) *Considérations sur la France*, chap. V.

XV.

Spectacles du peuple.

Ne pouvant donc faire des fêtes au peuple, en échange des fêtes chrétiennes qu'on lui ravissait, on lui fait autre chose, on lui fait des spectacles.

Et quels spectacles !

Jadis la religion était tout le spectacle du peuple ; ou bien, si elle voulait le laisser reposer de ses pensées de piété, elle lui faisait un spectacle d'une autre sorte, avec des pompes qui répondaient à son avidité d'émotion, mais toujours avec des sujets qui se rapportaient à ses habitudes chrétiennes.

On s'est beaucoup moqué des *mystères*, cette origine du théâtre moderne. La moquerie est aisée, ce n'est pas à dire qu'elle soit raisonnable.

Les *mystères* étaient tout le spectacle populaire possible en des temps de piété, et il faudrait bénir l'Eglise d'avoir alors tempéré l'austérité des croyances pour permettre qu'elles devinssent un objet d'amusement et de plaisir. Ce n'était point une profanation; c'était la foi reproduite sous une forme de jeux. N'est-il pas vrai de dire que le théâtre exprime les temps de la société? Le théâtre des mystères exprime un temps de simplicité naïve, où les passions subsistent, qui en doute? mais où elles s'abritent et se purifient au pied de l'autel.

Alors le génie n'avait pas à marquer de son empreinte l'œuvre théâtrale destinée au plaisir des hommes. Il est très-remarquable que les spectacles les plus simples sont ceux qui répondent le mieux à l'innocence des mœurs. Lorsque la vertu commence à s'en aller, le peuple devient difficile en fait de plaisirs; puis il arrive des temps où ce n'est pas seulement la vertu qui est absente, c'est le vice qui est présent; alors c'est le cynisme qui préside aux jeux. On dirait que le génie est de trop, soit dans l'extrême simplicité, soit dans l'extrême corruption.

Voici certes un grand sujet de méditation, mais trop grand peut-être pour le but que nous cherchons.

Toujours est-il que, si les *mystères* nous rappellent des temps de naïveté, les spectacles où va présentement le peuple indiquent une époque toute différente.

Nous avons fait au peuple des spectacles où il se forme à tous les raffinements de la corruption, à l'égoïsme, à la haine, à la débauche, à l'athéisme même.

Or, les leçons du spectacle sont saisissantes; elles pénètrent le peuple par la vue, par l'oreille, par tous les sens; elles s'incorporent en lui en quelque sorte. Il les garde comme une lettre vivante. Ce qu'il a vu

feindre à la scène, il le réalise dans ses habitudes et dans ses mœurs. Alors il n'y a plus
rien de vrai et d'instinctif. Les inspirations
personnelles s'évanouissent. Tout devient une
fiction de théâtre, l'esprit de famille, l'a-
mour, les plus tendres affections. L'âme n'a
plus d'épanchement naturel ; elle se façonne
tout entière sur les modèles scéniques. De là
des imitations désastreuses ; de là des passions qui n'ont pas même l'abandon et la
naïveté de leur licence ; de là des crimes, des
meurtres, des adultères, des suicides, dont
on n'a pas pris le germe en soi-même, mais
en des personnages fictifs. Et comme le spectacle qui saisit le peuple, sans le laisser ni
respirer ni réfléchir, ne se met pas non plus
en peine de lui jeter en contraste, avec ces
effroyables exemples, des leçons qui les tem-
pèrent, les imitations sont promptes et spon-
tanées ; on dirait un mouvement libre et
comme une nature refaite.

Voilà les spectacles que nous faisons au
peuple, nous qui nous moquons des *mystères*
et de la naïveté des vieux temps.

Puis nous nous étonnons qu'il y ait des

vices et de la corruption dans le peuple. Nous nombrons avec épouvante la progression de ses crimes et de ses désordres. Nous appelons à notre aide la politique, la philanthropie, les livres, la charité, la police, l'industrie, pour atténuer, s'il est possible, cette immense altération des bonnes mœurs, cette invasion des penchants effrénés et des idées perverses. Mais ne voyons-nous pas la cause toujours subsistante de cette dégradation? Tant que les spectacles du peuple seront des spectacles de débauche cynique et d'athéisme rieur, le peuple ira à ces excès de frénésie. A peine si la raison calme d'un homme formé aux vertus résisterait à cette effroyable impulsion de l'exemple réalisé sur la scène. Comment voulez-vous que le peuple, avec son ignorance, y puisse tenir? La puissance de la scène est enivrante. Pour qu'elle tournât au bien du peuple, il faudrait concilier ce qu'elle a de séducteur avec les austérités de la morale, chose difficile, impossible peut-être!

Au moins, disons à ceux qui ont quelque action sur les théâtres, de faire un effort pour les ramener à ce but d'éducation publique. Demandons-leur de faire au peuple des spectacles qui ne soient pas une corruption. Nous sommes loin du temps des *mystères*! qui en doute? mais si le peuple veut d'autres scènes, l'invention ne lui en fournira-t-elle pas qui lui soient un exemple de vertu? et le théâtre doit-il être à toute force une école de débauche?

C'est ici que j'accepterais volontiers l'action publique de l'Etat. L'Etat a naturellement un grand empire sur le peuple par la direction de ses spectacles; et ce serait un noble office que d'en faire une leçon vivante de vertu et de morale.

Il ne suffit pas même que les spectacles soient inoffensifs pour l'innocence du peuple; il faut qu'ils lui soient toujours un enseignement. Il y a des spectacles de pure curiosité qui affaiblissent le caractère d'un peuple; ils le façonnent à la servitude, ils le disposent à l'incurie, ils lui ôtent la dignité et l'énergie. Rendons le peuple fort contre tous les périls, et même contre ceux qui ne sont pas toujours aperçus. L'amollissement des âmes est un signe funeste de décadence.

Voici un péril tout opposé : il y a des spectacles où le regard est attaché à des images atroces, comme les spectacles des combats d'hommes ou de bêtes fauves ; c'est un autre genre de dégradation. Voulant fortifier l'âme, craignons de l'abrutir.

« Les Athéniens, dit Plutarque, avaient perdu la mémoire d'Amphyction, de Thésée, des Archontes qui les avaient gouvernés avec sagesse, et ne songeaient plus qu'aux bouffons, aux danseuses, aux baladins qui pouvaient les divertir.... Ceux qui commandaient étaient fort aises que le peuple s'occupât de frivolités odieuses plutôt que des affaires d'Etat. » Et de même, lorsque ces deux mots : *panem et circenses,* c'est-à-dire du pain et du sang, furent devenus tout le cri des Romains, le peuple libre avait disparu, il ne restait qu'un peuple dévoué à toutes les hontes. La gradation fut rapide. Il avait commencé par le spectacle des meurtres, il finit par le spectacle des turpitudes.

L'Etat peut donc relever le peuple ou le

précipiter, par la direction de ses spectacles. Ce serait un crime social au premier chef de faire de cette puissance un trafic de domination. Une invasion de barbares serait moins à craindre. Le peuple se renouvelle aux terribles épreuves des batailles; il se corrompt et s'empoisonne sans retour aux spectacles de licence.

Que toutes les voix des moralistes sollicitent donc la réforme des spectacles du peuple! Il en est qui se méprennent. Ils sembleraient vouloir que le christianisme pénétrât tout vivant dans les théâtres. Craignons d'autres périls; craignons les profanations; craignons que le génie des poëtes ne s'accoutume à faire du christianisme une mythologie déjà morte. Non, je n'appelle pas de telles réformes. Mais le christianisme a une pensée populaire, une pensée sociale et humaine, que les spectacles doivent respecter; il a des leçons, il a des inspirations, il a des émotions, il a des luttes pleines de drame et de poésie; les spectacles iront-ils heurter cette nature d'affection et de poésie? Iront-ils empoisonner, dans le cœur du peuple, ce sentiment du

beau, du grand, du vertueux, que la religion
y a déposé?

Les spectacles doivent être en rapport avec
la croyance du peuple. Si le peuple croit une
religion vraie, et que les spectacles viennent
altérer sa croyance, ils ne sont pas seulement
impies par rapport à Dieu, ils sont criminels
par rapport au peuple. C'est au nom du peuple que je demande que les spectacles qu'on
lui fait se conforment aux maximes de la morale. Est-ce qu'autrement on n'ôte pas au
peuple la paix, la sérénité de la vie? On lui
fera haïr sa condition; on le tourmentera
par des besoins imaginaires, on le jettera
hors de sa destinée naturelle, on le désolera
à plaisir, et ainsi de ses jeux on lui fera un
supplice. C'est plus qu'il n'en faut pour produire des révolutions sans but, et des malheurs sans terme.

Il y a des moralistes qui reprochent à l'E-
glise sa rigidité, par ce qu'elle frappe les
spectacles d'anathème; mais ne devraient-
ils pas d'abord s'occuper à rendre les spectacles bons? Après cela leurs querelles avec l'E-
glise seraient moins vives. Moi je pense que

cette rigidité de l'Eglise est une prévoyance populaire ; le christianisme est soigneux du bonheur des hommes, même alors qu'il semble leur disputer leurs joies ; c'est que son œil est pénétrant. Il sait ce qu'il y a au fond de ces plaisirs ! s'ils laissaient l'innocence intacte, il ne les flétrirait pas, et peut-être il les bénirait.

Pourquoi d'ailleurs s'en prendre au christianisme ? Est-ce qu'il n'y a pas des philosophes qui ont parlé comme lui ? On sait les cris de malédiction de Rousseau. D'où vient qu'on les lui pardonne ? C'est qu'ils sont un jeu d'éloquence. Les hommes souffrent que la morale soit sévère, à la condition qu'elle ne trouble pas leurs plaisirs.

Il y a un philosophe plus humain que Rousseau : c'est Marc-Aurèle. « Le goût des spectacles magnifiques, dit-il, est un goût frivole…. Lorsque tu ne pourras pas éviter de te rendre à ces grands spectacles, portes-y un sentiment de bonté ; point de vaine ostentation ; mais songe qu'un homme n'est vraiment estimable qu'autant qu'il ne s'affectionne qu'à des objets qui le méritent. »

Tel est le conseil du sage, parlant au sage.
Quant au peuple, hélas ! il ira aux spectacles
qui lui seront faits, ne pouvant choisir les
bons, s'il y en a de bons ; mais les acceptant
tous sans trop d'examen. Ici donc se révèle
un extrême péril, et au lieu de nous étonner
de l'austérité du christianisme, ah ! ne devons-nous pas le laisser se plaindre et gé-
mir ; ne devons-nous pas avec lui supplier le
peuple de se garder de ces jeux qui cachent
la dégradation et la honte. Heureux le peuple, s'il entend cette voix de prévoyance et de
salut ! Alors il trouvera en lui-même des spectacles qui seront des spectacles de vertu et de
piété, de travail et de prospérité, de richesse
et d'innocence.

XVI.

De l'amélioration du sort du peuple par l'éducation.

———

Suivons l'inspiration chrétienne ; allons au bonheur du peuple.

Beaucoup le cherchent, ce bonheur, naïvement et candidement, avec des théories d'instruction, avec des écoles de toute sorte, avec des livres, avec des méthodes ; et je ne saurais ici blâmer leur bon vouloir. Mais ne faut-il pas leur dire que leurs travaux seront san

fruit s'ils ne les couronnent par l'éducation?

On espère améliorer le sort du peuple, en
lui apprenant à réduire la vie en un calcul de
chaque jour et de chaque heure. Mais quand
on aurait appris au peuple toutes les minu-
ties du bien-être, on ne lui aurait pas révélé
pour cela le secret du bonheur. Le bonheur
est dans la paix de l'âme et la liberté de la
conscience.

Que font la plupart des amis du peuple?
Ils lui créent des besoins inconnus; ils le jettent hors de ses penchants naturels. Ils lui
mettent en perspective des prospérités qu'il
n'atteindra jamais, c'est-à-dire ils fatiguent
son existence par une émulation sans objet
et par une ambition sans issue. Est-ce là le
bonheur? n'est-ce pas plutôt le tourment de
la vie?

L'éducation, en tempérant les passions humaines, en répandant l'amour et la bienveillance parmi les hommes, en adoucissant les
aspérités de l'inégalité sociale, sera le commencement du bonheur véritable du peuple.

Il faut que le peuple apprenne par l'éducation toutes les raisons qu'il a d'aimer sa condition, une condition frappée en apparence par toutes les épreuves de la douleur humaine, mais réellement bénie et consolée par la Providence, si on la considère par rapport aux conditions les plus enviées.

Les voix qui parlent au peuple ne sont pas assez soigneuses de lui faire ces rapprochements. Il ne faut pas pour cela une philosophie bien haute, ni un langage bien savant. Le spectacle des grandes misères et des grandes infortunes parle à la raison du peuple comme à la raison des plus sages. Mais il faut le lui montrer, autrement il le laissera passer inaperçu. Le peuple a ses préoccupations personnelles. Il ne va pas de lui-même aux choses qui sont hors de lui. Il faut l'aider à se détourner de sa propre image. Il faut lui ouvrir les yeux sur tant d'adversités qui fatiguent la terre. Il faut enfin le disposer à une immense pitié sur les maux de la vie humaine, et lui apprendre à mettre en commun les douleurs qui oppressent toutes les âmes, en quelque condition que Dieu les ait jetées.

Ce serait beaucoup pour le bonheur du peuple que de lui faire sentir cette universalité de la peine, du labeur et des larmes dans l'humanité. De combien on lui diminuerait le poids qui lui est échu !

Il s'est trouvé des philosophes qui ont fait tout le contraire. Voyez-vous les riches ! ont-ils dit au peuple : voyez-vous les oisifs ! race maudite, qui mange le fruit que vous plantez, que vous arrosez et que vous faites venir à la sueur de votre front ! Toute la leçon de ces philosophes, c'était de disposer le peuple au pillage et au meurtre, pour tout apprentissage du bonheur.

Et après, n'y aurait-il plus eu de riches, plus d'oisifs ? c'est-à-dire, n'y aurait-il plus eu d'inégalité ? Triste philosophie, dont la prévoyance ne va pas au lendemain de son triomphe, à moins qu'elle ne fasse de la société humaine le droit perpétuel de l'extermination.

Il y a une philosophie meilleure, c'est celle qui commence par mettre au cœur des riches la commisération et l'amour, et ensuite dispose les pauvres à bénir la souffrance comme une épreuve. Cette philosophie ne consacre pas l'oisiveté, elle l'attaque comme un fléau des vertus. Mais l'oisiveté, cette torpeur de l'âme, n'est pas propre à une condition à l'exclusion de toutes les autres. Elle dégrade l'indigence comme la richesse ; et ainsi la philosophie dont je parle, en flétrissant l'oisiveté parce qu'elle est un vice, ne fait pas de ses anathèmes un prétexte de haine et de séparation entre les hommes. A tous au contraire elle fait un devoir égal d'accomplir la loi du travail, loi sous laquelle marche courbée l'humanité tout entière.

Et cette philosophie est populaire ; elle est bienfaisante et humaine ; elle va à la pratique de toutes les choses qui font le bonheur.

Supposez, en effet, une éducation tellement réglée, que tous les hommes se vissent également engagés sous cette loi du travail, variée selon les positions, mais commune à toutes ; vous voyez bien qu'alors naîtrait un sentiment de confiance et de fraternité véritable, qui adoucirait les peines et ôterait les jalousies. Alors le peuple serait calme dans son émulation. Le désir d'améliorer son sort par une industrie ingénieuse et active, ne deviendrait point de l'aversion pour les existences déjà faites. Chaque succès aurait son imitation, et aussi chaque adversité aurait ses secours, son aide et sa pitié. Un lien d'amour s'établirait entre les hommes, et nulle condition ne serait pénible à porter parce que toutes paraîtraient avec leurs misères.

Ah ! qui est-ce donc qui donnera à l'éducation du peuple cette direction de sagesse ? Combien il gagnerait de calme et de paix ! combien de vices éteints et de dégoûts vaincus ! combien de haines de moins ! combien de charité de plus !

Nous nous appliquons à faire haïr son sort au peuple, et notre soin devrait être de le lui adoucir. Otons au peuple ses pensées de jalousie, et nous lui aurons donné un nouveau courage pour améliorer sa condition. Agrandissons devant lui le spectacle de la douleur et de la peine, et il aimera davantage ses infortunes. Faisons-lui comparer les adversités humaines, et il portera plus noblement sa part du fardeau. Telle doit être l'éducation du peuple.

Il s'ensuivrait un goût fortuné de vertus publiques et privées, et tout y gagnerait, l'ordre de l'Etat et la sécurité des familles.

Le bonheur n'est pas dans les jouissances matérielles de la vie ; il est dans les jouissances intimes de l'âme. Il est dans la satisfaction des besoins du cœur.

Nous disons au peuple le secret de l'économie. Nous lui faisons des caisses d'épargnes. Nous lui révélons l'art de multiplier l'argent par l'argent. Est-ce tout le bonheur ?

Prenons garde de remplacer des tourments par d'autres tourments. Prenons garde à la cupidité ! prenons garde à l'avarice ! l'avarice, ce tourment de la richesse, et qui deviendrait le tourment de la pauvreté. Prenons garde à toute cette prévoyance qui ôte la liberté de l'âme, et qui pourrait donner lieu à des besoins inconnus, hélas ! et peut-être à des crimes cachés.

Que faisons-nous ? nous ôtons au peuple ce caractère qui semble lui être propre, cette confiance ingénue dans la Providence, cet abandon vers l'avenir : admirable simplicité,

qui est comme la foi en son travail, et un en-
gagement au courage et à la vertu. N'est-ce
pas lui ôter tout ce qu'il y a de charme dans
son existence ? N'est-ce pas empoisonner la
résignation, cet admirable parfum des vertus, cet ornement délicieux de l'espérance ?

Il suit de cette direction donnée aux mœurs
populaires, une disposition fatale à l'isolement
et à l'égoïsme. C'est le caractère des nations
qui dépérissent.

Dans ce système d'éducation, chacun est
excité à se suffire à lui-même ; chacun rêve
une indépendance qui lui soit propre. On
voudrait pouvoir se passer de l'univers ; ce
serait l'extrême bonheur.

Mais quel homme peut donc se passer de
l'univers, ou plutôt se peut passer d'un autre
homme ? Quelle condition est indépendante ?
quel sort, pour fortuné qu'il soit, ne devra
pas chercher autour de lui des liens d'affection ou de secours? L'isolement est-il possible, je ne dis pas à un homme, mais à une
famille, et non-seulement à une famille, mais
à une agglomération de familles, mais à un
peuple? Est-ce que tout ne se tient pas dans

l'humanité? est-ce que l'humanité elle-même n'est pas attachée au ciel par une mystérieuse chaîne? est-ce qu'elle vivrait sans cela, suspendue dans le vague espace et ne voyant rien au delà de cet infini?

Voyez où va la perfection des théories qui. ont pour objet le bonheur de l'homme! On veut que l'homme puisse vivre seul. C'est là le comble ; c'est-à-dire, on lui présente un tel état de bonheur, qu'il ne le puisse pas réaliser. On le nourrit de chimères!

Or, le peuple ainsi exercé à la poursuite d'un bonheur qui fuit comme une ombre, arrivera par degrés à une faiblesse morale qui se révèlera dans sa constitution publique, par l'absence de tout patriotisme et de toute gloire.

Outre que l'individualisme use péniblement l'existence privée des hommes, il épuise tristement la vie politique des états.

Imaginez que tous les citoyens aient été dressés à se suffire isolément ; à force d'égoïsme, vous aurez créé le plus misérable des peuples.

Il est remarquable que l'égoïsme finit par

détruire l'activité. Il faut à l'homme d'autres motifs pour l'exciter aux grandes choses, et même à celles qui regardent son intérêt. L'égoïsme va mourir dans le fatalisme inerte et idiot.

Ou bien, lorsque cette espèce de résignation stupide dépasse même ses forces, il n'a plus pour toute vertu que le désespoir, ce dernier abîme où fermentent les pensées cruelles et les desseins farouches.

Nul ne comptera les crimes produits par ces goûts d'isolement et d'indépendance que l'éducation moderne a donnés aux hommes. D'abord ces rêves d'égoïsme sont séduisants ; mais quand ils échappent, ils laissent un vide affreux dans l'âme, avec des jalousies atroces et des haines implacables. Ah! notre éducation a fait bien des meurtres, bien des suicides : et si elle ne va pas toujours à de si fatales extrémités, combien elle est impuissante à guérir les angoisses de l'âme ! combien elle lui laisse de faiblesse pour les jours mauvais !

Non, ne poussons point l'homme, ne poussons point le peuple à l'isolement, sous prétexte de le conduire à l'indépendance. Apprenons-lui plutôt à chercher le bien-être dans les rapports communs de la vie civile. Et par conséquent, apprenons-lui à rendre ces rapports faciles et bons ; c'est-à-dire apprenons-lui les devoirs de la société humaine, apprenons lui l'affection et la bienveillance, apprenons-lui l'équité, apprenons-lui l'indulgence, apprenons-lui la pitié pour les maux d'autrui, apprenons-lui les vertus pratiques, et tout cela c'est le bonheur.

L'éducation du peuple ne sera réelle que lorsqu'elle arrivera ou qu'elle tendra à cet objet.

Que l'éducation s'applique surtout à faire revivre dans le peuple la sainteté et la simplicité des mœurs domestiques ; que l'esprit de la famille soit ravivé ; que l'autorité du père soit restaurée ; que l'exemple de la mère soit vénéré ; que les enfants concourent au bien-être par l'obéissance et l'amour, aussi bien que par le travail ; que les ambitions soient retenues ; que la probité en soit la règle ; que la modestie suive les succès : et avec ces dispositions vertueuses dans le cœur, le peuple sera assuré d'améliorer son sort sans se bercer de chimères et sans poursuivre des rêveries.

L'amélioration du sort du peuple est souvent cherchée par l'instruction; moi, je la cherche par l'éducation. Et qu'est-ce donc que l'instruction du peuple, mon Dieu? Que peut-elle être? Un rêve de plus.

J'ai dit ma pensée sur l'instruction du peuple, et peut-être je l'étends au delà des limites désignées par beaucoup d'autres. Mais si l'instruction ne va qu'à produire des besoins nouveaux, elle ne sera qu'un surcroît de misères. C'est à l'éducation qu'il appartient de révéler au peuple le secret du bien-être. C'est elle qui lui assure un peu de bonheur.

L'instruction peut donner des raffinements à l'égoïsme; mais ce sont des tourments de plus jetés dans la vie. L'instruction agite la pensée de l'homme; l'éducation la calme et la règle. Pour améliorer le sort du peuple, il ne s'agit pas de le nourrir d'espérances, il faut plutôt tempérer ses vœux. Qu'un enseignement moral le façonne aux vertus, et ce sera un grand progrès vers un sort meilleur.

XVII.

Des vocations du peuple.

———

Et pourtant l'éducation n'emprisonnera
pas le peuple dans un cercle de fer ; elle ne
se chargera pas d'améliorer sa condition en
la lui imposant comme une fatalité. Non, l'é-
ducation dont je parle est une éducation
chrétienne, et par conséquent elle laisse di-
later la pensée humaine ; elle laisse aux

vœux leur liberté ; cllle laisse à l'activité morale son énergie.

Aussi, voulant parler des vocations du peuple, je dois mettre hors de question les mille et mille accidents qui, à chaque moment, varient l'existence des hommes, tantôt abaissant les hautes têtes, tantôt élevant les têtes humbles ; faisant de la vie sociale un spectacle d'éternelle mobilité. Dans cette perpétuelle succession de mouvements qui déplacent à chaque heure l'ordre humain, le peuple sans doute aura sa liberté d'action, et de lui partiront sans fin de ces noms imprévus qui semblent prédestinés à la gloire ou à la fortune, exemples vivants de ce que peut la volonté, le génie, et quelquefois même le hasard, cette pensée inconnue de la Providence.

Mais, d'un autre côté, il faut bien reconnaître que les déplacements dans l'existence humaine, déplacements contre lesquels toute politique serait impuissante, fût-ce une politique de despotisme barbare et fataliste, laissent le peuple dans sa condition de peuple, et autrement ceux qui s'occupent de son éducation ou de son bien-être poursui-

vraient une chimère, et tout l'enseignement
des moralistes du peuple se réduirait à lui
dire qu'il doit rompre la loi qui l'a établi à
la base de la société pour en être la force et
le fondement. Ainsi on retournerait à la philosophie du bouleversement perpétuel, pour
toute règle du bonheur des hommes.

Admirons la loi mystérieuse qui préside à
la conduite des sociétés! Il semble que rien
ne serait plus facile que de dire au peuple
qu'il ne doit pas y avoir de peuple, et qu'à
cette parole un immense et définitif déplacement devrait se faire dans toutes les sociétés.
Et en effet, ces hardiesses sont bien tentées
de loin en loin dans la marche des siècles, et
elles donnent lieu à d'épouvantables secous-
ses, après lesquelles il semble que le monde
va s'engloutir dans le chaos. Mais qu'arrive-t-
il? le peuple retourne à sa place, l'humanité
se rassied sur sa base, et la mobilité, cet acci-
dent perpétuel de la vie humaine, reprend sa
liberté, sans changer rien à cette autre loi
de l'ordre et de la régularité, qui est tout le
principe de la durée.

Ainsi tout ce qu'il y a de violent dans la

passion, dans l'amour des nouveautés, dans la haine des conditions supérieures, dans la fureur des vengeances, tout cela fléchit sous la main de Dieu. Le peuple peut faire une révolution; il peut tout briser en un jour. Mais, hélas! il reste peuple, et quelquefois plus humble et plus courbé vers la terre qu'auparavant.

Ceci doit nous servir d'instruction : ne sacrifions pas à cette activité humaine qui fait la mobilité, et avec la mobilité amène des personnages toujours nouveaux et des fortunes toujours nouvelles; ne lui sacrifions pas la condition providentielle de l'ordre, qui fait la permanence et la vie publique des nations et des cités.

Quoi que fassent les amis du peuple, il y aura toujours un peuple pour base de l'organisation sociale. C'est ce fait public qu'il faut accepter sous peine d'entrer dans une théorie de désordre et de malheur.

Donc, mon ami, laissant intacte cette énergie de liberté qui pousse incessamment l'homme à des destinées supérieures, nous devons penser à cette masse qui reste peuple, et semble comme étrangère au travail de déplacement qui se fait en elle-même.

Le peuple, comme peuple, a ses conditions de bonheur : qui en doute? et parmi ces conditions je mets les vocations qui lui sont propres.

J'ai dit ailleurs tout ce qu'il y a de mystérieux et de providentiel dans la vocation. Tout homme entre dans la vie avec des aptitudes que Dieu lui a faites, et il importe à son bonheur qu'il les étudie avec soin parcequ'elles lui deviennent comme une lumière dans le choix de sa carrière et de ses travaux. Ce mot de *vocation*, qui dans la sublime langue du christianisme signifie un appel de la grâce à des ministères divers dans l'œuvre de Dieu (1), s'applique de même à toute la vie humaine; c'est comme une révélation faite à chacun du ministère social qui lui est échu, dans cette infinie variété de goûts qui travaillent le cœur des hommes.

C'est donc quelque chose d'admirable de voir la sollicitude avec laquelle le christia-

(1) Divisiones autem gratiarum sunt... unicuique datur manifestatio spiritûs ad utilitatem. B. Pauli ad Corinth.

nisme nous dit à tous de comprendre et de suivre notre vocation, *cette manifestation de l'esprit pour l'utilité*, cette inspiration secrète qui nous conduit au bien-être.

Ne sommes-nous pas bien étourdis et bien légers de ne pas faire attention à cette voix d'en haut ? Si le christianisme était embrassé avec tout ce qu'il a de prévoyant dans ses conseils, dès cette vie il réaliserait le bonheur qui n'est promis qu'à la vie du ciel. C'est parce que la plupart des hommes ne suivent pas l'illumination qui leur est donnée, qu'ils se jettent en des voies mauvaises. Ils se traînent péniblement contre la tendance naturelle de leur vocation ; ils s'épuisent d'efforts pour la vaincre, c'est-à-dire ils se combattent eux-mêmes, et à cette lutte désespérée leurs succès mêmes sont sans utilité, leur vie reste troublée, leurs désirs sont insatiables, et le vide qui se fait incessamment au fond de leur âme atteste qu'ils n'ont pas suivi leur mission, et que pour leur propre bonheur Dieu les voulait à une autre place.

Ah ! les moralistes du peuple y doivent

songer ! Ils lui ouvrent à tout hasard toutes les carrières, sans s'enquérir de ses vocations : ne craignent-ils pas de désoler son existence et de lui faire une destinée de malheurs jusqu'alors inconnus à sa condition ?

Le peuple a ses vocations, je le redis ; car il a ses aptitudes comme il a ses besoins.

De là des carrières naturellement ouvertes au peuple. Et sans doute le génie, la vertu, le hasard peut-être lui en ouvrira d'autres plus hautes et plus glorieuses ; mais ce sera par des accidents qui ne changent rien à la loi fondamentale de l'ordre humain.

Que les moralistes laissent donc au peuple ses vocations, et qu'ils se chargent seulement de les lui rendre douces par la bienveillance de leurs conseils.

Parmi ces vocations il en est d'admirables pour la conservation même de la société ; et telle est surtout la vocation qui attache le peuple à la culture de la terre, cette vocation primitive et universelle, la plus sainte, ce semble, des vocations humaines, car elle applique le travail de l'homme à féconder l'œuvre de Dieu, et c'est pourquoi aussi peut-être elle s'offre à la pensée sous des aspects touchants de simplicité et de vertu, lorsque la plupart des autres vocations semblent faire de l'industrie humaine un exercice de corruption et d'avidité.

Ces vocations pourtant n'ont rien d'elles-mêmes qui aille au mal. L'homme les gâte par ses vices.

Aussi rien n'est admirable comme l'application de l'industrie aux divers objets d'utilité pratique. L'industrie en général est la grande force intellectuelle de l'humanité, aux prises avec les obstacles matériels de la nature, et avec la nature elle-même. Cette lutte est souvent sublime; elle produit des œuvres qu'on prendrait pour une création nouvelle, et le génie humain, en les contemplant, s'arrête tout étonné de lui-même, et presque disposé à se considérer comme un Dieu.

Mais aussi l'industrie est sujette à servir d'instrument à l'égoïsme et à la cupidité! Alors c'est l'homme qui corrompt sa propre puissance.

Les vocations industrielles n'en restent pas moins des moyens d'utilité pratique dans la société. C'est à l'éducation qu'il convient de leur donner une direction et une règle, en les subordonnant à la loi commune de la probité.

Ces sortes de vocations, auxquelles se joint toujours plus ou moins une condition de travail matériel ou mécanique, sont indiquées comme vocations du peuple. Ce n'est point dédain apparemment, c'est nécessité.

La classification des vocations populaires ne se fait pas d'ailleurs en vertu d'un système. « La condition d'artisan, dit un ami du peuple (1), est le lot forcé de tous les enfants de la classe pauvre des villes. » Et l'écrivain, qui ensuite passe en revue d'autres conditions, est assez sage pour les accepter simplement comme un fait social, sans accuser ni la nature, ni Dieu, ni l'homme. Je le bénis, pour ma part, de chercher à adoucir par l'éducation les conditions du peuple, au

____

(1) Napoléon Landais.

lieu de lui aigrir le cœur par des plaintes
inutiles.

Que chacun apprenne ainsi aux hommes à
honorer le travail, à quelque objet qu'il soit
appliqué. Ne sommes-nous pas tous des ou-
vriers sur la terre? et la grande vocation de
l'homme, n'est-ce pas la peine?

Mais le travail a dû se trouver naturellement divisé en deux parts : le travail intel-
lectuel, cette affreuse souffrance de la pensée, au plus petit nombre ; le travail matériel, cette peine toute mécanique du corps, au
plus grand nombre ; de sorte cependant que
nul n'échappe, soit aux labeurs physiques,
soit aux peines morales : telle est la distribution faite à l'humanité.

Le peuple donc a sa part, et peut-être la
part la plus légère à porter, si ce n'est que
la cupidité la lui rend quelquefois plus rude
et plus difficile. Mais je l'ai dit, c'est qu'alors
l'ordre de la nature est troublé par les vices
de l'homme.

Or, dans cette part qui est faite au peuple,
j'admire comme ses vocations se classent et
se varient sans jamais faire de confusion.

Que d'arts sembleraient provoquer la préférence des goûts! Que de métiers sembleraient devoir n'appeler que l'aversion! Et cependant à chaque nécessité répond un choix de travail, et à chaque travail une perfection, et à chaque perfection une gloire. C'est ici une action plus puissante que celle de l'homme. Si Dieu se retirait de la société, ce ne serait plus qu'un abîme.

Quelquefois les amis du peuple lui donnent d'étranges conseils. Comme si chaque vocation n'avait pas assez de sa propre condition de travail et d'étude, on en est venu à souhaiter en quelque sorte que chaque homme eût plusieurs vocations, et même les eût toutes à la fois, pour s'assurer, lui disait-on, plus d'indépendance. Voici ce vœu pleinement exposé dans le premier travail qui a servi de base à tous les travaux sur l'éducation nationale en France, depuis la *Convention*.

« La supériorité de lumières et de talents peut soumettre les autres hommes à une dépendance particulière ou générale.

» On évite le premier danger en rendant

universelles les connaissances nécessaires
dans la vie commune. Celui qui a besoin de
recourir à un autre pour écrire ou même lire
une lettre, pour faire le calcul de sa dépense
ou de son impôt, pour connaître l'étendue
de son champ ou le partager, pour savoir ce
que la loi lui permet ou lui défend : celui qui
ne parle point sa langue de manière à pouvoir exprimer ses idées, qui n'écrit pas de
manière à être lu sans dégoût ; celui-là est
nécessairement dans une dépendance individuelle, dans une dépendance qui rend nul
ou dangereux pour lui l'exercice des droits
de citoyen, et réduit à une chimère humi-
liante pour lui-même l'égalité prononcée par
la nature et reconnue par la loi. Mais ces
mêmes connaissances suffisent pour l'affranchir de cette servitude ; l'homme, par exemple, qui sait les quatre règles de l'arithmétique, ne peut être sous la dépendance de
Newton pour aucune des actions de la vie
commune.

» Quant à la dépendance générale, à celle
qui naît du pouvoir de la ruse ou de la parole, elle sera réduite presque à rien par l'u-

niversalité de ces connaissances élémentaires, qui par leur nature même sont propres à conserver la justesse de l'esprit, à former la raison ; d'ailleurs elle ne subsistera plus dès lors qu'une instruction plus étendue aura multiplié les hommes vraiment éclairés au milieu de citoyens disposés par la leur à reconnaître, à sentir la vérité (1). »

On croit rêver !

Et songez que ce n'est pas ici l'œuvre d'un esprit vulgaire ; c'est l'exposé d'une théorie philosophique, à laquelle un évêque, depuis lors très-célèbre, mettait son nom, et que vous retrouverez en tête de la collection de lois ou de décrets qui servent de base à l'enseignement en France depuis près d'un demi-siècle.

Donc, aux termes de cette théorie, chaque vocation particulière est une condition relative de domination et de dépendance. Les philosophes de l'*égalité prononcée par la nature* faisaient à tous les hommes l'obligation de

(1) Rapport sur l'Organisation générale de l'Instruction publique, fait à l'Assemblée législative le 20 avril 1792, et réimprimé par décret de la Convention nationale.

s'appliquer à toutes les études, à tous les arts, à toutes les connaissances pratiques, afin d'être libres. Vous le voyez bien ! celui qui sait les quatre règles est indépendant du grand Newton. Mais c'est le grand Newton qui m'embarrasse. N'est-ce pas lui qui va dépendre de celui qui sait les quatre règles, si celui-ci est un horloger, un menuisier, ou même un arpenteur?

On a honte de réfuter ces énormes sottises. On dirait qu'elles ont été gravement étalées en tête de nos codes de réforme morale et intellectuelle, pour attester le vide des doctrines humaines, dès qu'elles veulent s'affranchir des lois naturelles de l'ordre. On a voulu que l'homme fût libre, et pour cela on l'a jeté seul dans la société. Il n'avait qu'à réaliser en lui-même toutes les choses pratiques de la vie. A ce prix il se pouvait passer de tous les autres hommes; à ce prix il jouissait de l'égalité de la nature ; à ce prix il était roi ; c'est-à-dire qu'à ce prix il était le plus misérable des êtres créés, il était un pauvre esclave, hors d'état de vivre.

Où peut aller l'orgueil humain ? Il cherche

l'indépendance, il tombe dans la servitude. Est-ce que l'homme peut être seul? est-ce qu'il peut être universel? est-ce qu'il est Dieu?

L'homme a besoin de l'homme; c'est pour cela qu'il est en société, et c'est pour cela que dans la société les vocations se varient pour faire de cette variété un secours mutuel et une magnifique harmonie.

Les amis du peuple, sous le semblant de la liberté, lui font une condition effroyable de sujétion. Ils entendent lui ôter ses besoins, et ils l'accablent sous des besoins nouveaux. Ils le chargent de mille chaînes inconnues. Ils lui font de la vie un fardeau qui accable sa faiblesse. Ils lui ôtent jusqu'aux liens d'affection et d'humanité; ils jettent dans son âme un vide immense; ils lui font de l'égoïsme sa seule force, c'est-à-dire, ils le dépouillent de toutes les forces que Dieu lui a faites dans la société, et l'abandonnent ainsi aux hasards de la vie, comme on abandonnerait un être misérable et nu, parmi les bêtes fauves d'un désert sauvage.

Revenons aux réalités d'une philosophie

plus humaine. C'est par les vocations que les
hommes ont entre eux un lien d'unité sociale. Ainsi donc, apprenons au peuple à suivre ces révélations intimes que Dieu fait à
chaque homme, pour la conduite de la vie et
l'application de son travail. Gardons-nous de
laisser soupçonner à nul être sur la terre
qu'il se peut suffire à lui-même, fût-ce par
l'*universalité des connaissances*, comme disait
la Convention, et comme d'autres ont dit
après elle. Faisons aimer au contraire à tout
le monde ces rapports mutuels qui naissent
de tant de goûts divers, et qui donnent à la
société humaine un aspect si admirable de
variété et d'ensemble. C'est là un office populaire; c'est là une touchante philanthropie.
Oui, les vocations sont une inspiration mystérieuse qui descend du ciel. Toutes ne se
révèlent pas à des signes également sensibles,
et quelquefois elles semblent se produire par
des accidents qui peuvent ressembler au hasard, ou par une continuité d'habitudes qui,
en certaines positions, écartent toute pensée
de changement. Mais toutes doivent être
respectées, parce que toutes concourent à

l'harmonie humaine ; et la plus immorale des philosophies serait celle qui, sous prétexte de faire du bien aux hommes, viendrait troubler cette liberté de leur instinct, qui est la jouissance d'eux-mêmes, en même temps qu'une condition de l'ordre.

XVIII.

Des théories nouvelles sur l'instruction du peuple.

Pour moi, tout préoccupé de l'éducation du peuple, je vais à ce qui peut le saisir par la pensée et par les affections, à ce qui peut lui adoucir sa condition, à ce qui peut la lui faire aimer.

Assez d'autres ont matérialisé cette grande question du bien-être du peuple, et je ne puis croire qu'ils aient ainsi fait beaucoup pour son bonheur.

On a fait de l'instruction populaire une af-
faire de statistique. On sait combien il y a de
communes en France, combien il y a de maitres, combien il y a de disciples; et puis
tout est dit : les meilleurs systèmes sont
ceux qui produisent le plus d'écoles, ce ne
sont pas ceux qui produisent le plus de
vertus.

Quant aux théories d'instruction, on les
réduit en formules applicables aux besoins
vulgaires. On fait de l'instruction du peuple
un recueil de procédés techniques ou de méthodes simplifiées, et cela s'appelle un progrès d'art ou de science.

A la bonne heure! Mais l'âme, mais l'intelligence, mais la conduite morale, mais ce
qui éclaire l'esprit, mais ce qui purifie le
cœur, y pense-t-on? Point du tout. L'instruction du peuple est matérielle; elle ne va
pas au fond de sa nature intime. La perfection de l'instruction est de mettre la morale
humaine elle-même en procédé; on fait des
livres au peuple pour ce grand objet. On lui
dit ce qu'il peut gagner en fortune ou en
santé à remplir certains devoirs, ou à s'abs-

tenir de certains vices convenus. Lisez la plupart des livres faits pour le peuple, c'est ce que vous y trouvez ; rien autre chose.

Hélas ! hélas ! avec ces théories matérialistes va-t-on au bonheur du peuple ? Je ne le puis croire.

Simplifions la vie du peuple, dit-on, elle sera meilleure ! Quelle assurance en a-t-on ? La simplicité qu'on cherche n'est pas la naïveté des pensées et des mœurs ; celle-là, on la retranche. On la remplace par une sorte de rectitude technique dans les habitudes, et par une distribution calculée du temps et de toutes les actions de la vie ; c'est-à-dire, on fait de la vie un système, du travail un procédé, des devoirs une méthode : telle est la simplicité qu'on donne au peuple. Mais ainsi on vide le cœur, on détruit l'inspiration du bien, on désenchante cette condition populaire, qui a son charme quand elle est libre ; et enfin parce qu'on a simplifié la vie, il n'y a plus de simplicité.

— Que le peuple n'ait plus de préjugés ! ajoute-t-on.... Admirable parole ! Mais quel homme n'a point de préjugés ? On veut que le peuple sache un peu de physique, pour n'être pas exposé à de faux jugements sur la nature. Mais outre que les préjugés ne font que se déplacer, même dans la science, quel préjugé physique a jamais troublé la vie du peuple, a jamais détruit une vertu, a jamais empêché une sainte action.

Qu'il n'y ait plus de superstitions!.... Ah ! voilà la parole par excellence. Les superstitions sont fatales; qui en doute? elles exposent le peuple à sacrifier la croyance à des pratiques erronées. Mais lorsque la foi est profonde et que la religion est véritable, les superstitions cèdent d'elles-mêmes. Attaquer les superstitions, sans enraciner la croyance et sans raviver la piété, c'est simplement dessécher l'âme.

— Nous ferons au peuple une nécessité de la morale, par l'intérêt qu'il y trouvera, disent les théoriciens, et ainsi les devoirs resteront consacrés, même quand la religion aura perdu ses pratiques.

J'entends! vous ferez de l'égoïsme toute la loi de l'ordre. Quel ordre ! bon Dieu !

J'ai lu les livres du peuple, et en effet ils

lui disent exactement ce qu'il gagnera par an à ne pas perdre une heure par jour, à ne pas aller au cabaret le dimanche, et même à ne pas faire *le lundi*. Oui, tout cela est exactement calculé, et ensuite les moralistes proclament que toute l'instruction est achevée, et que le peuple est suffisamment assuré de son bien-être.

Mais ont-ils donné au peuple un motif suffisant de vaincre ses penchants mauvais? La cupidité est-elle une assez forte passion pour absorber toutes les autres? Et quand cela serait, ne donnera-t-elle pas lieu à des désordres et à des malheurs d'une autre sorte?

— Nous suppléerons aux calculs de la cupidité par la connaissance des lois civiles; nous dirons au peuple les règlements de police, et nous lui ouvrirons le Code pénal!

Ceci est dans les livres encore, et même dans les livres couronnés par les académies, comme pour attester que c'est toute la morale, cherchée officiellement dans le temps où nous sommes.

Mais quoi! le bandit qui vient s'asseoir au banc des cours d'assises a lu, lui aussi, le

Code pénal et les lois de police, et il sait au plus juste jusqu'où peut aller le crime pour ne pas tomber dans le bagne ou ne pas monter à l'échafaud. Est-ce là une perfection ? et les bagnes sont-ils moins peuplés, et les échafauds moins souillés du sang des hommes ?

Que fait-on, hélas ! avec toutes ces méthodes de matérialisme appliqué à la conduite morale du peuple ? Que fait-on avec ces règles d'égoïsme ? Que fait-on avec cette habileté de prévoyance ? On détruit toutes les inspirations de vertu ; on détruit l'élan des âmes ; on détruit la générosité, le sacrifice, le dévoûment, l'amour. S'il se pouvait trouver un peuple ainsi façonné par cette loi universelle de l'intérêt, ce serait un peuple hideux à voir, un peuple sans affections, sans entrailles, sans courage, sans pitié, sans patriotisme, sans honneur ; un peuple fait seulement pour baisser la tête sous une verge de despote.

Voilà où vont les théories nouvelles. Elles nous poussent à la dégradation par un perfectionnement de méthodes toutes mécaniques ; elles animalisent l'existence humaine ; elles ôtent à l'homme le signe céleste que Dieu lui a mis au front ; d'un être intelligent, elles font une bête brute.

Et tout cela pour ne pas reconnaître que la religion est la loi réelle de l'éducation ! tout cela, pour se passer de Dieu !

Les véritables moralistes, les amis du peuple ne finiront-ils pas par reconnaître ce grand égarement de la vanité ? Je dois le dire, quelques-uns ont des pensées meilleures, et je crois voir'en quelques livres tout récents un retour à des règles plus sûres et plus efficaces. Il est des écrivains qui viennent de loin, de bien loin, embrasser le christianisme, cette loi populaire par excellence. Qu'ils soient un bon exemple à d'autres. Pour nous, mon ami, nous ne pouvons guère leur être une excitation ; notre parole est suspecte. Il semble, au temps où nous vivons, qu'il faut avoir passé par la longue épreuve des erreurs pour avoir quelque droit de parler aux hommes de la vérité. Cependant prenons notre part aux luttes qui se font. C'est un grand office de proclamer les doctrines humaines,

même quand les âmes seraient trop timides
encore pour les accepter dans leur intégrité.
Faisons que l'instruction du peuple devienne
pleinement chrétienne, et nous la lui aurons
rendue bienfaisante et salutaire. Aidons à la
restitution d'une autorité sainte dans les
écoles ; aidons à la propagation des bons
livres ; aidons à l'excitation d'une émulation
vertueuse parmi les enfants du peuple, et tôt
ou tard cette intervention de notre zèle sera
aperçue. Ne souffrons pas enfin que le peuple
devienne un objet de trafic pour une philanthropie de calcul. Disputons le peuple aux
opinions qui le dessèchent et le dégradent ;
soyons les amis du peuple, gardons ses vertus, défendons son innocence, rendons-le à
ses vieilles mœurs, et qu'il sache de nous que
le christianisme, qui est la règle morale de
sa vie, renferme aussi tout le secret de son
bonheur.

RESUMÉ.

Mon ami, qu'ai-je fait dans ces lettres ? Je n'ai point exposé une théorie propre d'éducation ; je n'ai point formulé une méthode d'enseignement pour le peuple ; je n'ai pas fait un règlement d'école, une division de temps, une classification d'études et de leçons. Non, certes, et cela sans doute était superflu, après tant de lois faites, après tant de livres, après tant de systèmes. Non, j'ai laissé les choses techniques, pour m'appliquer aux choses morales. Ce qui est fondamental dans l'éducation, ce n'est pas une méthode particulière d'enseignement, c'est une pensée qui soit propre à féconder également toutes les méthodes.

Il s'en sera suivi peut-être un langage quelque peu sermoneur, et cela est fâcheux sans doute : le sermon déplaît au temps présent ; on veut une morale douce à l'oreille, une morale qui n'ait rien d'austère, une morale de poésie et de roman, qui n'engage ni les passions, ni les opinions, qui ne trouble ni les voluptés ni les erreurs. Voyez ! cette morale est partout : elle est dans la littérature, elle est au théâtre, elle est au salon, et quelquefois même elle est à l'église, je veux dire en la bouche de certains prédicateurs parés de fleurs et de poésie. Quelques-uns diront que j'aurais dû la mettre aussi dans ces lettres, et ils auraient alors soupçonné qu'elles pourraient devenir utiles.

Pour moi, ce que j'ai pensé d'abord, c'est que l'éducation en général était un objet de haute portée, où un homme ne se devait appliquer qu'en y apportant tout le recueillement de son esprit.

L'éducation du peuple en particulier mé-

rite de telles méditations. Je l'ai montrée
dans son principe le plus sévère, ne m'occu-
pant pas même toujours du soin d'arriver
aux détails d'application.

Ah ! que les hommes souffrent donc que
les questions qui tiennent à l'existence sociale aient leur liberté et leur dignité. Après
tout, je demande que l'éducation du peuple
soit rendue chrétienne ; les oreilles ne sup-
porteront-elles plus cette parole ? les esprits
ne sont-ils plus de force à voir en face l'Evangile ?

Et puis, qu'est-ce que le christianisme
dans l'éducation du peuple, si ce n'est la
vertu et la liberté, la lumière et l'égalité, la
science et le bien-être ? Le christianisme !
mais c'est toute l'existence du peuple !

Malheur aux maîtres du peuple, s'ils n'entendent pas ainsi son éducation ; et malheur
au peuple lui-même ! On croit l'élever pour
l'indépendance, on le dresse à la servitude.

Le christianisme est la raison de la liberté
et de la dignité humaine ; hors de lui, vous
ne trouvez que la raison de la tyrannie.

Et c'est en France surtout que le peuple

doit être disposé à accepter cet enseignement. C'est le christianisme qui a fait la France. Ce sont les prêtres catholiques qui ont fait ses franchises. Ce sont eux qui ont été les gardiens de sa liberté, eux qui l'ont défendue contre les dominations injustes, eux qui ont fait de la monarchie l'œuvre nationale, l'œuvre des masses populaires, l'œuvre de la justice universelle et du droit commun.

Qu'y a-t-il de changé? Le christianisme n'a-t-il plus sa grande et forte voix pour les faibles? n'a-t-il plus ses maximes d'éternelle équité? n'a-t-il plus sa charité et son dévouement pour les souffrances de la terre? Quand le peuple pleure, n'y a-t-il plus quelque sainte parole pour le consoler? n'y a-t-il plus quelque saint asile pour le recevoir? n'y a-t-il plus quelque saint prêtre pour le bénir? n'y a-t-il plus rien dans le temple? plus rien dans l'Eglise, plus rien dans les âmes? le christianisme enfin est-il mort, et tous les cœurs sont-ils glacés?

Non, il n'en est pas ainsi. On a fait beaucoup de mal au christianisme, mais il vit

toujours, et si le peuple ne le reconnaît plus
à la magnificence de ses pompes, il le re-
trouve à la fécondité de son amour.

Le christianisme est toujours là, vivant,
parmi le peuple ; il y est avec ses blessures,
mais avec sa gloire, et sa gloire c'est de se
mêler aux misères des hommes, pour les
soulager et les guérir.

Qui donc essayera encore de ravir au peuple le christianisme, cette religion de la douleur ? Reste-t-il quelques débris de cette
vieille conspiration du siècle des débauches ?
Reste-t-il quelque échappé des orgies, qui
ose encore voiler aux âmes exilées sur la
terre cette étoile d'espérance fixée au ciel
pour les affermir dans la souffrance ? Où sont
ces ennemis du peuple ? Oui, c'est au peuple
que vont leurs derniers coups. Eux, peuvent
encore avoir des voluptés à épuiser dans la
vie ; ils peuvent s'en aller heurter la mort,
tout enivrés de délices et tout rassasiés de
jouissances. Mais le peuple ! ce pauvre peuple qui porte le poids du jour et marche le
front courbé sous les labeurs ! Que laissent-
ils au peuple, s'ils lui ôtent sa religion ? Ne

le plongent-ils pas dans un vide désolant, et
n'achèvent-ils pas d'empoisonner son existence et de la flétrir par une doctrine de fatalisme et de désespoir?

Ah! je ne crains plus de paraître sermoneur, car je parle pour le peuple. Je défends
le peuple, en défendant la morale humaine.
Je suis l'homme du peuple, en rattachant
son éducation au christianisme. Je suis
l'homme de sa liberté, de sa dignité, de son
bien-être.

Amis du peuple, parlez-lui donc aussi ce
langage; faites qu'il se souvienne de tout ce
qu'il doit à la religion; faites que son éducation soit chrétienne; ainsi vous travaillerez
à le rendre heureux. C'est par la religion
que sa condition deviendra douce pour lui-
même, vénérable pour les autres. Pour un
peuple qui croit en Dieu, il n'y a pas de misères qui ne se puissent guérir; l'Evangile
protége le foyer domestique contre les douleurs, et il protége la patrie contre les oppressions. Un peuple chrétien est sacré! à
ses pieds expirent les tyrannies.

TABLE.

LIBRAIRIE DE LAGNY FRÈRES,
RUE BOURBON-LE-CHATEAU, 1.

EXTRAIT DU CATALOGUE.

OUVRAGES DE M. LAURENTIE.

DE LA DÉMOCRATIE ET DES PÉRILS DE LA SOCIÉTÉ. Grand in-32. 2ᵉ édition.   1 fr.

Cet écrit, plein d'actualité et d'un mérite incontesté, sera lu avec le plus grand intérêt. Cet ouvrage, bien que tiré à très-grand nombre, a été rapidement épuisé, et une seconde édition, dont le succès va toujours croissant, est devenue nécessaire.

DE L'ÉTUDE ET DE L'ENSEIGNEMENT DES LETTRES. In-8.   7 fr. 50 c.

HISTOIRE DE FRANCE divisée par époques, depuis les origines gauloises jusqu'aux temps présents. 8 gros vol. in-8. Chaque volume.
     7 fr. 50 c.

HISTOIRE DES DUCS D'ORLÉANS. 4 vol. in-8.
     24 fr.

HISTOIRE, MORALE ET LITTÉRATURE. 2 vol.
in-8.

Ier vol. Historiens latins. 2e édition. — IIe vol.
Fragments d'histoire, de morale et de littérature.
Prix des deux volumes.   14 fr.

INTRODUCTION A LA PHILOSOPHIE. 2e édition. In-8.   7 fr. 50 c.

LETTRES sur l'éducation du peuple. Grand in-32.
2e édition.   1 fr.

LETTRES A UN PÈRE sur l'éducation de son fils.
2e édition. In-18.   1 fr. 50 c.

LETTRES A UNE MÈRE sur l'éducation de son
fils. In-18.   1 fr. 50 c.

LIBERTÉ D'ENSEIGNEMENT. In-8.   1 fr

LIBERTÉ D'ENSEIGNEMENT. Lettres à M. Thiers
Brochure in-8.   10 c.

**METHODUS NOVA INSTITUENDÆ PHILOSO-
PHIÆ.** Secunda editio. In-32.   1 fr. 20 c.

BIBLIOTHÈQUE CHOISIE, par une Société de
gens de lettres sous la direction de M. Laurentie.
24 vol. in-18.   24 fr.

Chaque volume forme un ouvrage et se vend
séparément.   1 fr. 20 c.

———

9 782013 592901